바바
선생님

안녕하세요
바바
선생님

갑상선암 전문가
윤여규 원장의
인생 이야기

윤여규 글

목
차

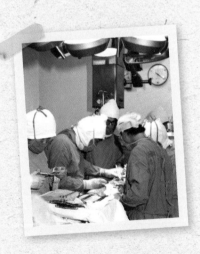

CHAPTER 6
헬로, 미스터 바바
Hello, Mr. BABA
-제자들의 이야기

아버지는 '어딜 가든 리더가 되라', '용의 꼬리가 되지 말고 뱀의 머리가 되라'는 말씀을 자주 하셨다. 당신의 삶이 그러했다. 대학 교수라는 지위와 명예에 만족하지 않고 제철회사의 임원으로 자기 삶의 지평을 넓혀 나갔고, 바쁜 와중에도 부지런히 사람들을 만나고 좋은 관계를 맺어나갔다.

아버지의 성실하면서도 적극적인 삶은 은연중에 내게 많은 영향을 미쳤다. 특히 '리더가 되라'는 아버지의 말씀은 무의식 깊이 자리 잡아 내 인생의 방향을 결정지었다고 해도 과언이 아니다. 학창시절에 공부를 열심히 하는 한편으로 끊임없이 서클 활동을 하고 각종 운동으로 체력을 단련했던 것도 남자남학생들의 세계에서 리더가 되고자 하는 어떤 욕망이 아니었을까 싶다.

돌아보면 의사가 된 뒤의 내 삶도 그랬던 것 같다. 나는 끊임없이 미지의 영역을 개척하였고, 그것을 후배들에게 물려준 뒤에는 언제나 또 다른 도전을 시작하였다. 서울대 의대에서 처음으로 외상학을 시작하였고 응급의학과를 개설하였다. 남들이 크게 주목하지 않았던 갑상선 분야에 도전하여 세계 최초로 내시경을 이용한 수술법을 개발하였다.

논문도 많이 쓰고 책도 여러 권 냈다. 1989~1990년 미국 하버드 의대에 연구교수로 있으면서 2년 동안 SCI 논문을 17개 썼고, 1995년에는 하버드 의대 교수와 함께 외과 중환자 관리를 다룬 교과서 『Surgical Critical Care』의

한 챕터를 집필했다. 2013년에는 갑상선 수술 교과서『Color Atlas of Thyroid Surgery』영문판을 집필하여 세계적인 의학전문 출판사 스프링거Springer에서 발간하기도 했다. 국내 의사 중에서 영어로 책을 쓴 사람은 그리 흔치 않을 것이다. 아마도 외과 의사로서는 내가 최초가 아닐까 생각한다.

남들이 가지 않는 길을 가고, 부단히 새로운 것에 도전했던 나의 삶은 필연적으로 리더의 길을 걸어갈 수밖에 없었다. 도전하는 과정에서 본의 아니게 누군가와 부딪치는 일도 있었고, 나를 믿고 의지하는 후배들을 위해 방패막이가 되어야 할 때도 있었다. 그때그때 충분히 숙고하며 최선의 행동을 해왔다고 생각했지만, 퇴임을 앞두고 지난 길을 찬찬히 되돌아보니 나로 인해 마음 다친 사람들이 어찌 없으랴 싶다.

후배들이나 제자들 중에도 나와 함께 하는 과정에서 우회할 줄 모르는 나의 저돌적이고 직선적인 성격 때문에 상처 받은 사람들이 있을 것이다. 넓은 마음으로 이해해 주시기를 간곡히 부탁드린다. 마음속의 사랑은 너무나 큰데 그 사랑을 자상하고 부드럽게 표현하는 법을 알지 못했다. 이순耳順을 지나고서야 '생각하는 모든 것이 원만하여 무슨 일이든 들으면 곧 이해가 된다'는 뜻을 알게 되었다.

나는 이제 수십 년간 몸담았던 서울대를 떠나 내 인생의 새로운 시즌을 시작하려 한다. 어릴 때는 부모님 덕에 살았고, 의사가 된 뒤로는 아내 덕에 앞만 보며 여기까지 달려 왔다. 지금부터는 번잡한 사회활동과 세상 욕심에서 좀 벗어나 의사로서 내가 가장 좋아하는 일 - 환자 진료와 수술 - 만 하면서 살아가려 한다. 사랑하는 나의 아내와 자식들, 가까운 벗들, 제자들과 더불어 인생의 황혼을 여유롭고 멋스럽게 즐길 수 있다면 그 이상 바랄 것이 없겠다.

졸고를 통해 평소 못 다한 이야기를 하려다 보니 주변 사람들과의 일화만 주로 다룬 것 같아 아쉬움이 있다. 학문 및 연구를 도와주신 많은 분들에 대해 다시 한 번 감사한 마음을 전하며, 이에 관한 이야기는 저서 및 논문 목록으로 갈음하려고 한다.

2017년 5월
양재동에서 윤여규 배상

안녕하십니까? 서울대학교병원 외과학교실 주임교수 서경석 입니다.

평소에 존경하는 윤여규 선생님의 일생의 업적을 정리하는 자서전의 출판에 축사를 하게 되어 진심으로 기쁘게 생각합니다.

윤여규 선생님은 1983년에 서울대학교병원에서 외과교수를 시작하였습니다. 이후 30여 년간 갑상선암 환자들을 위해 항상 고민하시고 새로운 치료법을 연구하였습니다. 이러한 노력의 결실로 2004년 세계 최초로 BABA 내시경 갑상선 수술법을 개발하였고, 2008년 로봇시스템에 BABA를 접목하시어 큰 업적을 이루어 오고 계십니다. 서울대학교병원이 로봇시스템을 들여와 로봇수술센터를 만들어 세계적인 수술의 흐름을 선도할 수 있었던 것은 사실상 윤여규 선생님께서 개발하신 BABA 수술 덕분이라고 해도 과언이 아닙니다. 또한 2013년에는 30년간의 경험과 BABA 수술법을 정리하여 Springer 출판사에서 Color atlas of thyroid surgery 교과서를 출간하였습니다. 이 교과서는 BABA 수술법과 기존의 절개 수술법을 망라하여 상세한 수술 술기와 삽화를 담고 있어, 사실상 갑상선 수술에 대한 모든 것을 담고 있습니다.

BABA 로봇 갑상선 수술은 국내는 물론 세계적으로 널리 알려지면서 2009년도부터는 국제 로봇 갑상선 수술 워크샵을 개최하게 되었고, 갑상선 수술을 하는 외과의들이 꼭 배워야 하는 술기가 되었습니다. 또한 매년 서울대 병원에서 개최해오던 종양성형 갑상선 수술 국제 심포지움은 어느덧 국제학회로 성장하여 양적, 질적인 면에서 성장하여 서울대병원 외과의 위상을 높이는 데 큰 역할을 하고 있습니다.

이뿐 아니라, 윤여규 선생님은 1989년부터 2년간 Harvard Medical School에서 영양학 및 신체 대사에 관한 연구와 외과학, 응급의학을 연수하고 귀국하여, 우리나라에서 응급의학 및 외과학의 기초를 다졌습니다. 이후 응급의학과 과장 및 국립중앙의료원 원장을 역임하면서 국가의 의료 발전을 위해 모든 것을 쏟아 내셨습니다.

30년간의 경험과 일대기를 집대성한 이번 자서전을 통해, 여러 후배 외과 의사들이 청출어람 할 수 있는 계기가 될 것 같습니다. 윤여규 선생님의 자서전 출판을 진심으로 축하드립니다.

서울대학교 외과 주임교수
서경석

CHAPTER 1

태어날 때부터
효자

기도의
사람

아버지의 고향은 충청남도 논산군 부적면 부황리이다. 지금도 논산에는 할아버지 할머니가 사셨던 집과 땅이 남아 있다. 증조할아버지 때만 해도 논산 본가는 경제적으로 풍요로웠다고 한다. 아버지와 작은 아버지 모두 대학을 나오고, 고모할머니와 큰고모가 이화여전을 나온 것만 봐도 예전에는 꽤 잘사는 집이었다는 것을 짐작할 수 있다.

가세가 기울기 시작한 것은 할아버지 대에 이르러서다. 할머니 말씀으로는 우리 할아버지가 젊었을 적에 한량 기질이 좀 있어서, 일없이 오토바이를 타고 다니면서 가산家産을 축냈다고 한다.

열여덟 살에 시집 온 할머니는 열아홉 살부터 교회를 다녔다. 파평 윤 씨 부잣집이라고 해서 뭣도 모르고 시집을 와 보니 남편이란 사람은 한량기가 다분하고 가정에 충실하지 않았다. 마음 둘 데가 없었던 할머니가 의지하게 된 곳이 바로 교회였다. 우리 할머니가 107살에 돌아가셨으니 90년 동안 교회를 다닌 셈이다.

방학 때 논산에 놀러 가면 할머니는 주일마다 어린 손주들 손을 잡고 교회에 가셨다.

"나는 기도로서 된 사람이다. 처음엔 너희 할아버지 오토바이 타고 댕기는 꼴 보기 싫어서 교회를 댕겼지만, 지금은 너희들 잘 되라고 기도하러 댕긴다. 다 잘될 거다."

백발이 성성한 할머니와 같이 길을 나서면 모르는 사람들이 말을 걸었다.

"할머니, 연세가 어떻게 되세요?"

그러면 할머니는 싱긋이 웃으며 말했다.

"내 나이가 몇 살이냐고? 유관순이허고 안중근이 중간이여!"

할머니의 출생년도는 기억나지 않지만 '안중근 의사1879와 유관순1902 열사 중간'이라는 그 위트 있는 대답만은 또렷이 기억하고 있다. 윤 씨 자손이 번성하고, 이만큼 살게 된 것은 모두 할머니의 오랜 기도 덕분이라고 생각한다.

평생을 논산 시골집에 머물며 신앙에 의지했던 할머니의 삶은 우리 집안의 분위기에도 적잖은 영향을 끼쳤다. 막내 고모부가 할머니의 영향으로 감리교 목사를 얻게 되었고, 우리 집에서는 어머니가 교회에 나가면서 누이들까지 독실한 크리스천이 되었다. 나 역시 어릴 때부터 교회 다니는 것이 당연한 줄로 알며 자랐다. 효창동에 있는 감리교회를 다녔는데, 주일학교 교사도 하는 등 열심히 한다고는 했지만 누이들처럼 깊은 신앙을 가진 것은 아니었다.

내가 보기엔 어머니의 신앙도 그리 깊지는 않았던 것 같다. 그저 바람 잘 날 없는 장남의 아내이자 제사 많은 집 며느리로서 '제사 드리기 싫어서 교회를 다니는 것이 아닌가' 하는 속된 의구심이 생길 때도 있었다. 어머니의 그런 노력에도 불구하고 정작 할아버지가 돌아가셨을 때는 유교식으로 장례가 치러졌다.

할아버지는 예순한 살에 돌아가셨다. 요즘 환갑이면 한창 팔팔한 나이지만, 육십갑자六十甲子 한 바퀴를 굵고 짧게 보내시고는 풍진 세상을 훌쩍 떠나셨다. 말년에는 논산과 서울의 우리 집을 오가며 노년의 적적함을 달랬다. 할아버지는 한번 올라오시면 한두 달씩 머물다 가셨는데, 주로 내 방에서 주무셨다.

아침에 아들과 손주들이 제각기 학교로 흩어져 가면 할아버지는 무료함을 이기기 위해 혼자 집 근처 골목길을 배회하시곤 했다. 뒷짐을 지고 천천히 걸음을 옮기던 할아버지의 쓸쓸한 뒷모습이 어제 일처럼 생생히 떠오른다.

태어날 때부터
효자

옛날에, 충청도에서는 아들에 대한 선호도가 높은 편이었다. 그래서인지 딸을 먼저 낳고 급하게 아들을 낳은 며느리는 안방을 차지할 만하다는 말이 있었다. 우리 어머니가 바로 그랬다. 우리 누나와 나를 연년생으로 낳은 것이다. 그래서 나는 이웃 어른들에게 '태어날 때부터 효자'라는 말을 듣고 자랐다.

나는 1949년 10월 대전에서 태어났다. 아버지가 대전의 대건공업고등학교로 발령이 나면서 논산의 본가에서 대전으로 솔가했다. 위로 연년생 남매를 낳은 어머니는 내 밑으로 네 명의 동생을 낳아 3남 3녀의 다복한 가정을 완성했다. 동생들은 정확히 세 살 터울이었다.

6·25 전쟁이 터진 건 내가 태어난 다음해였다. 나는 두 살짜리 젖먹이였으므로 전쟁 나던 해의 기억은 전혀 없다. 대전에 있던 우리 가족이 부산으로 피난 내려 간 1951년의 기억은 어렴풋이 난다. 우리 가족은 부산의 어느 판자촌에 둥지를 틀었다. 우리 집 옆에는 김동욱 연세대 국문과 교수님이 사셨고, 그

외에도 아버지 어머니와 친분이 있는 교수님들이 그 동네에 여럿 계셨던 것 같다.

비가 주룩주룩 내리던 어느 날, 무슨 일 때문이었는지 아버지와 어머니가 말다툼을 하던 장면이 어렴풋이 떠오른다. 내 인생 최초의 기억이 부모님의 싸움인 건 좀 당황스러우면서도 재미난 일이다.

사실 우리 부모님은 외모나 성격이 전연 딴판이었다. 아버지는 오밀조밀한 얼굴에 아담한 체구였고, 어머니는 넓적한 얼굴에 체구가 컸다. 아버지는 화초나 분재 가꾸는 것을 좋아하는 섬세하고 가정적인 성격이었고, 어머니는 활달하고 적극적인 여장부 스타일이었다. 아버지는 동물을 좋아해서 집에서 개를 키웠지만, 어머니는 개라면 질색을 하는 양반이었다.

그러나 부모님은 수시로 티격태격하면서도 친구처럼 다정하게 지내셨다. 언뜻 봐서는 남녀의 특성이 바뀐 듯도 하지만 그것이 오히려 우리 집에서는 묘한 균형을 이루며 화목함을 유지하게 하지 않았나 싶다. 나는 가끔씩 '우리 아버지 같이 잘생긴 남자가 왜 어머니하고 결혼했을까?' 하고 농담을 해서 부모님을 당황하게 하곤 했다.

어머니 역시 논산 출신이다. 강경읍 조금 못 미쳐 논산군 채운면에 우리 외가가 있었는데, 근방에서는 다들 알아주는 부잣집이었다고 들었다. 외가 식구들은 대체로 성격이 활달하고 적극적이며, 성취욕이 강했다. 어머니도 마찬가지였다.

사실 나는 아버지보다는 어머니를 더 많이 닮았다. 빈대떡처럼 넓적한 얼굴과 커다란 체구는 물론 선이 굵고 자기주장이 강한 성격까지 어머니를 쏙 빼닮았다. 내가 아버지를 닮은 부분이 있다면 그것은 술 좋아하고 사람 좋아하는 성격일 것이다. 아버지는 성격도 무던하고 대인관계가 원만해서 주변에 아는 사람이 참 많았다. 취미도 다양해서 주말이면 낚시를 가거나 야구나 권투 같은 운동경기를 보러 다녔다.

어릴 때 아버지를 따라 서울운동장동대문운동장에서 야구를 봤던 일이 지금도 기억난다. 아버지는 일요일만 되면 나와 동생을 데리고 집을 나서곤 했다. 위로 두 아들만 누릴 수 있었던 대단한 특권이었다. 물론 어린 우리 형제는 야구 경기보다는 오징어 얻어먹는 맛에 좋아라 따라다녔을 것이다. 때로 권투 시합이 열리는 날엔 숙대 근처에 있는 복싱경기장에 간 적도 있다.

내가 학창시절에 유도나 미식축구를 하고 유난히 운동을 좋아했던 것은 어릴 때부터 다양한 운동을 접하게 해 준 아버지 덕이 아닌가 싶다. 아버지도 젊을 때는 유도도 좀 하고 여러 가지 운동을 섭렵한 운동마니아였던 걸로 알고 있다.

다정다감하고 가정적인 아버지는 특히 장남인 나에게 많은 추억을 안겨 주었다. 아버지는 집에 계실 때도 일없이 쉬는 분이 아니었다. 꼼꼼한 성격만큼이나 손재주가 좋아서, 늘 집안 구석구석을 부지런히 돌아다니며 먼지를 털고 고장 난 것을 손보았다.

금이 간 담장을 때우거나 깨진 기와지붕을 보수할 때면 꼭 나를 불러 이것저것 심부름을 시켰다. 담장을 때울 때는 옆에서 흙을 개야 했고, 지붕에 올라가실 때는 사다리를 붙잡아야 했다. 집에 페인트칠을 할 때도 항상 내가 조수 노릇을 했다. '장남은 이렇게 해야 한다'는 백 마디 훈계보다 땀 흘려 아버지의 일을 돕게 함으로써 장남의 역할에 대해 내 머릿속에 새겨 주신 게 아닌가 싶다.

1949년 10월 18일 첫돌

교직이 좋은 것은 방학의 여유로움이 있기 때문일 것이다. 아버지는 방학이 되면 우리들을 데리고 할머니 할아버지가 계신 논산 시골집에 내려가셨다. 우리가 들로 산으로 싸돌아다니는 동안 아버지는 시골집의 무너진 담을 손보기도 하고, 들일을 거들기도 했다. 한바탕 땀을 흘리고 난 다음에는 조용히 사랑에 앉아 공부를 하셨다.

아버지가 부모님의 노후를 세심히 살피고, 가정을 돌보는 모습을 보고 자랄 수 있었던 것은 내게 큰 행운이었다. 인격이 형성되는 시기에 목도한 아버지의 가정적인 모습은 그대로 나의 뇌리에 박혀 결혼 후 나의 자화상이 되었다.

경기 갈까,
서울 갈까

　　　　　　　　휴전이 되자 부산에 있던 우리 가족은 서울로 올라갔다. 아버지가 고려대학교 의과대학의 전신인 수도의과대학에서 교편을 잡게 되었기 때문이다. 우리 가족은 효창동의 작은 기와집에 정착했다. 피난지에서 갓 올라온 부모님께 집을 장만할 경제력은 없었을 테고, 아마 외삼촌 소유의 집이 아니었을까 추측된다.

　내 기억 속에 남아 있는 효창동은 가난하지만 꽤 괜찮은 동네였다. 백범 김구와 임시정부 요인, 그리고 윤봉길, 이봉창, 백정기 3의사三義士의 묘들이 모여 있는 효창공원이 바로 옆에 있었고, 철도청 관사가 크게 조성돼 있어 여느 동네처럼 복닥거리지 않고 분위기가 아늑했다. 용산경찰서 있는 쪽으로 걸어 내려가면 전차도 탈 수 있었으니 교통도 그리 나쁜 편은 아니었다.

　나는 효창운동장 옆에 있는 효창유치원을 다녔다. 전쟁의 상흔이 채 가시지 않은 50년대, 먹고 사는 것도 힘든 시절이라 유치원에 보내는 집이 매우 드물 때였다. 효창유치원은 교통부에서 지원하는 유치원으로, 학비가 매우 저렴했다. 철도청 관사가 있는 동네에 살다 보니 운 좋게 입학할 수 있었던 것 같다.

유치원 다닐 때 친구들과 종종 싸움을 했던 기억이 난다. 예나 지금이나 아이들 싸움은 코피와 함께 끝이 난다. 코피 난 아이가 '앙' 하고 울음을 터트리면 상대편 아이는 승자의 여유 있는 미소와 함께 퇴장하는 것이다. 어릴 때는 덩치도 크지 않고 숫기도 없어서 동네아이들에게 맞고 들어오는 일이 잦았다. 지금도 내 코가 크다는 말을 들으면 '유치원 때 코를 많이 맞아서 그렇다'고 농담을 하곤 한다.

내가 맞고 들어온 날이면 아버지는 내 손을 잡고 온 동네를 돌며 '때린 녀석'을 찾아다녔다. 평소에는 점잖고 애정 표현이 서툰 양반이었지만 이따금씩 그런 식으로 장남에 대한 사랑을 표출하는 재미난 구석도 있었다.

유치원을 졸업한 나는 금양국민학교에 입학했다. 금양국민학교는 오랜 역사를 가진 학교로, 개교 100년이 지난 지금까지 그 이름 그대로 남아 있다. 우리 6남매 모두 금양국민학교를 다녔는데, 선생님들 중에 나와 우리 어머니를 모르는 사람이 없을 정도로 어머니의 치맛바람이 대단했다.

국민학교 시절을 화려하게 보내고 경복중학교1971년 폐교에 진학했다. 사실 내가 가고 싶은 중학교는 경기중학교였다. 경기중학교는 당대 최고의 명문으로, 모든 아이들이 선망하는 학교였다. 평소 성적이 괜찮은 편이라 가족은 물론 주변 사람들도 '여규는 당연히 경기중에 가겠거니……' 하고 기대를 했다.

복병은 엉뚱한 곳에 있었다. 체육 점수가 형편없었던 것이다. 25점 만점에 18점이었다. 그래도 다른 과목 성적이 우수하니 경기중학교에 지원하라는 사람과, 합격 안정권이라고 볼 수는 없으니 서울중학교에 원서를 내라는 사람으로 의견이 갈렸다. 어린 나는 불안하기만 할 뿐 어떤 결정도 내릴 수가 없었다.

아버지는 마지막 결정을 앞두고 경복중학교 김인수 교장선생님을 찾아갔다. 김인수 교장선생님은 공주사범학교 시절 아버지의 은사라고 했다. 그날 밤, 아버지는 나를 불러 앉혔다.

"여규야, 경기에 원서 넣고 마음 졸이느니 마음 편히 경복중학교에 가면 어떻겠니?"
"경복중학교요……?"

그때까지 '경기 갈까, 서울 갈까'만 고민했지 경복중학교는 생각도 못했던 학교였다. 내가 아무 말도 하지 않자 아버지는 차분히 나를 달랬다.

"경복도 괜찮은 학교야. 경기 가서 용의 꼬리가 되느니 경복에서 뱀의 머리가 되는 게 낫지 않겠니? 게다가 그 학교 교장선생님이 아버지 사범학교 은사시니, 이것도 귀한 인연 아니냐. 집에서 전차 타고 다녀보다가 너무 힘들면 효자동 고모 댁에서 학교 다녀도 되고."

나는 아버지 뜻에 따라 경복중학교에 입학했다. 집에서 효자동에 있는 학교까지는 한 시간이 넘게 걸렸다. 원효로에서 효자동까지 가는 전차를 타고 다녔는데, 원효로에서 용산경찰서까지가 두 정거장이니 거의 끝에서 끝으로 가는 거나 마찬가지였다. 한두 번은 고모할머니 댁에서 자기도 했지만, 역시 집에서 다니는 것만큼 마음이 편하지는 않았던 것 같다.

중학교 입학식,
존경하는 부모님과 함께

전차와 함께 시작된 나의 중학교 시절은 특별히 기억할 만한 것이 별로 없다. 나는 전차 밖에서 흔들리는 서울거리를 바라보며 열심히 학교를 다녔고, 중학교 입시에서 나를 괴롭혔던 체육 점수를 의식하여 유도를 배우는 등 체력을 단련했다.

나의 중학 3년을 함께 했던 추억의 전차는 고등학교 2학년 때인 1966년 10월, 미국 36대 대통령 린든 존슨의 방한防寒을 계기로 서울거리에서 사라졌다. 존슨 미 대통령이 카퍼레이드를 벌일 남대문에서 시청, 그리고 청와대에 이르는 길을 단장하기 위해 정부 당국이 전차 궤도 위에 콘크리트를 부어 포장해 버린 것이다.

사춘기

우리 집도 효창동 시절을 마감하고 용문동으로 이사를 갔다. 누나와 내가 잇달아 중학교에 들어가자 전차 통학이 용이한 전차역 부근으로 이사한 것이다. 기찻길 옆에 있던 이 이층집은 50년이 지난 지금도 그 자리에 남아 있다. 얼마 전에 우연히 그 근처를 지나다가 그 집을 발견하고 깜짝 놀란 적이 있다.

용문동 집은 방이 여러 개라 나도 이층의 방 하나를 차지할 수 있었다. 그러나 사실 그 방에서 혼자 잤던 기억은 그리 많지 않다. 우리가 큰집으로 이사가면서 논산의 할아버지가 올라오시는 일이 잦아졌기 때문이다.

할아버지가 안 계실 때도 내 방에는 늘 누군가가 있었다. 명색이 교수댁이고 서울 한복판에 살다 보니 우리 집에는 군식구들이 끊이지를 않았다. 때론 외사촌형이 와 있기도 했고, 아버지가 공장장으로 있던 제철회사 직원의 아들이 와 있기도 했다.

어릴 때는 누가 오면 마냥 좋았는데, 머리가 굵어지니 우리 집을 찾는 손님이 그저 반갑기만 한 것은 아니었다. 내 방에 누가 와 있는 것이 신경이 쓰였고, 혼자 지내고 싶은 마음이 굴뚝같았다. 바야흐로 사춘기가 시작되고 있었다.

당시 뚜렷이 의식하지는 않았지만 원하는 중학교에 가지 못했다는 사실이 내게 어떤 내상을 안겼던 것이 아닐까 싶다. 나는 점점 불만이 많아졌고, 매사를 부정적인 눈으로 바라보게 됐다. 아버지가 이화여고에서 모범생인 누나만 예뻐하는 것 같아 불만이었고, 사람들로 북적이는 집안 분위기도 불만이었다. 지금까지 해오던 습관이 있으니 기본적인 공부는 했지만, 공부에만 매진하는 성미는 또 아니었다.

초등학교 때부터 반장을 하고 학생회장을 하다 보니 친한 친구들 중에 부잣집 아이들이 많았다. 어릴 때는 그 아이들과 나의 차이를 잘 알지 못했다. 늘 '잘한다'는 소리를 듣고 자란 탓에 내가 잘하는 줄로만 알았지 남보다 못한 게 있으리라고는 생각도 하지 못했다.

중학교 때 한 친구네 집에 놀러간 적이 있다. 그야말로 입이 딱 벌어질 정도로 잘 사는 집이었다. 집안에 당구대가 있고, 골프장이 있었다. 고액 과외를 받고 고급스런 취미 생활을 하고 방학 때면 스키장으로 떠나는 친구들과 어울리면서 상위그룹에 속하고 싶은 욕망은 점점 더 커졌다.

그러나 우리 집의 경제적 형편은 그것을 받쳐주지 못했다. 부모님이 많이 배우신 분들이고, 그런대로 먹고살 만한 집이라 동네에서는 제법 대접을 받았지만, 그 이상은 아니었던 것이다. 그것은 내 힘으로는 극복할 수 없는 것이었기에, 거기서 오는 좌절감이 컸다. 현실의 맨얼굴을 깨닫게 되면서 무의식

중에 친구들과 나의 처지를 자꾸 비교하게 됐다.

그렇다고 친구들과의 관계가 소원해진 것은 아니었다. 나는 여전히 친구들과 잘 어울렸고, 운동도 열심히 했다. 운동을 하다 보니 체격도 커졌고, 자신감도 되찾게 됐다. 때로 껄렁껄렁한 아이들이 시비를 걸어오면 싸움을 하는 일도 있었다. 그러면서 조금씩 사춘기를 극복하고 철이 들기 시작했다.

중학교 3학년이 되자 아버지는 비로소 과외 수업을 받게 해주었다. 고등학교 입시를 본격적으로 준비해야 하는 시즌이었다. '고등학교 입시가 대학입시보다 더 어렵다'고들 하던 시대였다. 나는 중학교 입시 때처럼 크게 고민하지 않고 경복고등학교에 진학했다.

고등학교 때는 YMCA, High CCC 같은 기독교 계통의 서클 활동을 열심히 했다. High CCC는 고 김준곤 목사가 시작한 한국 CCC한국대학생선교회의 전 단계로, 고등학생들을 엘리트로 양성하기 위한 종교 서클이었다. 본래 우리 집안이 기독교 집안인 데다가 공부 좀 하는 모범생들이 많이 들어가 있어 별 거부감 없이 High CCC 활동에 참여할 수 있었다.

YMCA는 종교적 색채보다는 사회봉사와 친목도모의 색채가 강한 학생운동 서클로, 회원 중에는 중학교 때 친하게 지냈던 친구들도 많았다. 대부분 집안도 좋고 성적도 우수한 리딩 그룹이라, 배우는 것도 많고 좋은 선배도 많이 만났다. 경희대 C교수와는 먼 인척관계도 되지만 중학교부터 공부도 같이 하고, 많은 서클 활동과 젊은 시절의 고민을 같이 한 항상 마음에 두고 있는 친구다. 그때 같이 활동한 친구 중에 지금도 이름만 대면 알 만한 사람들이 많다.

이 시기에는 공부 외에도 서클 활동과 운동으로 개인의 역량을 높이는 데

교수 때부터 ㈜삼화제철 공장장까지,
항상 슈퍼맨 같았던 우리 아버지

고등학교 졸업식,
지금과는 달리 약간 내성적이었던 학창시절

많은 시간을 할애했다. 선배들이 권하는 책을 읽으면서 인생과 사회에 대한 가치관을 정립하게 됐고, 가족과 친구들에 대한 생각도 많이 여물었다.

고등학교 1학년 때인가. 서클에서 방학 때 일본에 갈 사람을 모집한 적이 있었다. 학생들의 국제교류와 친선을 도모하는 캠프가 아니었나 생각된다. 나중에 알고 보니 나하고 지금 미국 대학교에 있는 친구와 나 두 명만 빼고 다 신청을 했다. 중학교 때 같으면 아마 꽤나 자존심이 상했을 일이지만, 그때는 전혀 개의치 않았다. 질풍노도 같은 사춘기를 거치면서, 나도 모르는 사이에 집안 형편을 고려해서 내가 설 자리를 판단할 수 있을 정도로 몸과 마음이 부쩍 성장한 것이다.

아버지와
어머니

아버지는 일제 강점기에 공주사범학교를 나오신 분이다. 졸업 후 잠시 공업고등학교에서 교편을 잡기도 했지만, 결국은 다시 대학에 들어가 금속공학을 전공하셨다. 어머니 역시 공주사범학교 출신으로, 모교에 대한 자부심이 대단하셨다. 그도 그럴 것이, 당시 공주사범은 서울사범·대구사범과 더불어 모두가 알아주는 3대 명문 사범학교였다.

교육인프라가 서울에 집중된 지금과 달리, 일제 강점기에는 명문 중고등학교와 대학이 서울과 지방에 고루 퍼져 있었다. 의대의 경우 서울에는 경성대 의대와 세브란스 의전이 있었고, 지방에는 전북대 의대와 경북대 의대가 있었다. 사범대는 공주사범이, 상업학교는 목포상고·선린상고·군산상고가 명성을 떨쳤던 시절의 이야기다.

어머니는 경쟁심이 강하고 누구에게도 지기 싫어하는 성격이었다. 타고난 성격도 그런데다가 어릴 때 외할머니를 여의고 '내가 살기 위해서는 공부도 잘하고 모든 면에서 남보다 앞서야 된다'고 각오를 단단히 하셨다고 한다. 열

1962년 경무대(현 청와대)에서 신년하례를 마치고.
귀한 아들이었던 것은 확실했나 보다.

심히 공부해서 공주사범학교에 들어간 것도 학비가 싸기 때문이었다.

부모님 모두 많이 배우신 분들이다 보니 자녀 교육에 대한 관심이 높았다. 너나할 것 없이 가난했던 그 시절에 우리 6남매를 모두 유치원에 보냈고, 어릴 때부터 '공부는 당연히 해야 되는 것'이라는 생각을 자식들의 뇌리 깊숙이 심어 주었다.

특히 어머니의 치맛바람이 거셌다. 결혼 전까지 초등학교 교사로 일했던 어머니의 열정이 자식들에 대한 교육열로 옮아간 것이다. 물론 '많이 배운 분이 앞장서시라'고 학교 선생님들이나 학부모들이 어머니를 부추긴 탓도 있었다. 어쨌든 그때만 해도 그리 외향적인 성격이 아니었던 내가 초등학교 때 반장을 하고 학생회장을 했던 것은 아마도 어머니의 치맛바람 덕이 아니었나 싶다.

사실 우리 집 형편이 경제적으로 풍족한 것은 아니었다. 당시 아버지는 고려대학교 의과대학의 전신인 수도여자의과대학에서 교편을 잡고 계셨다. 대학교수 수입만으로 6남매를 먹이고 입히고 가르치기는 역부족이었을 것이다. 자식들이 성장하면서 지출이 늘어나자 아버지는 수입을 늘리기 위한 방편으로 삼화제철소 공장장을 겸하셨다. 삼화제철소는 1943년경 일본의 고래가와제철이 삼척에 건립한 제철소로, 우리나라 최초의 근대식 용광로를 보유한 곳이었다.

지금 생각하면, 그때 아버지가 얼마나 힘드셨을까 싶다. 대학에서 학생들 가르치랴, 멀리 떨어진 제철소 공장장 노릇을 하랴 몸이 열 개라도 모자라는 상황이었을 것이다. 그래도 워낙 부지런하고 성실한 분이라 1인 2역을 무난히 감당해 내셨던 것 같다. 어쨌든 우리 여섯 남매는 아버지의 그런 노력과 희생 덕택에 큰 어려움 없이 성장할 수 있었다.

아버지의
교육방식

옛날에 돈 많은 집에서는 자식들마다 가정교사를 붙이고 과목별로 과외를 시켰다. 한때는 그런 친구들이 부러웠다. 초등학교 때부터 학생회장을 하고 상위그룹 속에서 생활하다 보니 주변의 친구들이 다 그런 아이들이었다. 어릴 때는 그 친구들과 나의 차이를 몰랐다. 단지, 왜 우리 아버지는 누나만 과외를 시켜 주고 나는 안 시켜 줄까, 그것이 서운하고 억울했을 뿐이다.

그러나 빠듯한 형편에 먹고 살기도 바쁜데 여섯이나 되는 자식들을 어떻게 다 뒷바라지를 하겠는가. 아버지가 선택한 자녀교육의 방식은 '경쟁'이었다. 자식들을 직접적으로 비교하지는 않으셨지만, 형제들 간에 은근히 경쟁 분위기를 조성하셨다. 식사 시간이면 우리 여섯 남매는 둥그런 두리반에 둘러앉아 숟가락을 들고 아버지의 '요이 땅!ようい, どん!' 소리를 기다려야 했다. 아버지의 신호가 떨어지기 전에 김 한 장 콩 한 톨이라도 집어먹었다가는 다른 형제들의 비난과 야유를 감수해야 했다.

아버지는 얼굴도 예쁘고 공부도 잘했던 누나를 착실히 가르쳐, 밑의 동생들이 누나의 길을 보고 따르도록 했다. 누나를 의대에 보낸 것도 그런 아버지의 의중이 깔려 있었다고 나는 짐작한다. 철없을 때는 아버지가 누나만 예뻐한다고 못내 서운해 했지만, 지금은 아버지의 방식이 현명한 선택이었다고 생각한다.

사실 가정교사를 붙이고 과외를 시키면 성적은 올라간다. 그러나 그렇게 올리는 성적은 한계가 있기 마련이다. 공부란 기본적으로 자기 스스로 하는 것이기 때문이다. 공부란 자기 자신과의 싸움이요, 그 치열한 싸움에서 이기기 위해서는 자기 자신만의 내적 동인動因이 반드시 필요하다.

아버지의 방식이 가장 주효했던 것이 장남인 나였다. 나는 공부를 못하지는 않았지만, 공부만 파는 성격은 또 아니었다. 다방면에 관심이 많았고, 친구들과 어울리고 운동하는 것을 좋아했다. 간간이 한눈을 팔면서도 용케 나의 길을 찾아갈 수 있었던 것은 경쟁심을 자극하는 집안 분위기 덕분이 아니었나 싶다. 누나만 과외 시켜 주면 '나도 과외 시켜 달라'고 조르고, 공부 잘하는 동생이 칭찬을 받으면 또 그게 부러워서 열심히 공부를 했다.

나보다 세 살 어린 남동생은 천재가 아닌가 싶을 정도로 머리가 좋았다. 똑같이 공부를 해도 습득력이 남달랐다. 그 친구와 뭘 같이 하다 보면 마치 모차르트를 부러워하는 살리에르가 된 기분이 들 때가 한두 번이 아니었다.

중학교 입학을 앞두고 영어를 배울 때의 일이 지금도 생생하다. 형인 나는 난생처음 배우는 영어가 어려워 쩔쩔매고 있는데, 어깨너머로 내가 공부하는 걸 본 동생은 방금 들은 단어를 줄줄 외우는 게 아닌가. 그때 동생은 초등학교 4학년이었다.

국민학교 졸업식,
이때에도 또래들 가운데 키가 제일 컸다

언젠가는 외할머니가 우리 형제에게 장고 치는 걸 가르쳐 주신 적이 있다. 큰 외할머니가 돌아가신 뒤 우리 외할아버지와 재혼한 작은 외할머니였다. 박자감이 없는 나는 장고를 칠 엄두도 못 내고 있는데, 내 밑의 동생이 선뜻 채를 잡더니 할머니가 시범을 보인 그대로 멋지게 장고를 쳐보였다. 그럴 때마다 나는 부러움과 열패감이 섞인 묘한 감정을 겪어야 했다.

경쟁 속에서 성장한 것은 동생들도 마찬가지였다. 장남인 나의 권위에 도전하는 동생은 없었지만, 저희들끼리는 매우 치열한 경쟁관계였다. 특히, 위에서 말한 내 밑의 동생과 그 밑의 여동생은 앙숙이었다. 둘 다 공부를 잘하고 지기 싫어하는 성격들이라 이래저래 부딪치는 일이 많았던 모양이다. 물론 철없던 어린 날의 이야기이다. 지금 내 밑의 동생은 서울공대를 나와 사업을 하고 있고, 여동생은 경기여고와 고대를 나와 내과의사인 남편과 미국에서 살고 있다.

돌아보면, 그런 경쟁의 분위기가 우리 형제들의 오늘을 만든 것이 아닌가 생각된다. 물론 요즘처럼 온 나라가 경쟁을 위한 경쟁으로 치달아가는 모습을 정상적이라고 할 순 없겠지만, 건전한 경쟁은 우리의 삶에 적절한 자극과 긴장을 주는 인생의 활력소가 아닐까 생각한다.

CHAPTER 2

의대 때려치우고
한국산악연맹이나
들어가!

의대 때려치우고
한국산악연맹이나 들어가!

공부밖에 모르는 의대생들 중에서 나는 극히 예외적인 존재였다. 의대에 들어오려면 기본적으로 최상위의 성적을 유지해야 하고, 그러자면 자연히 공부만 파는 생활을 하게 마련이다. 그러나 나는 고등학교 때도 공부에만 몰두하지 않고 한눈을 많이 팔았다. 유도도 했고, 서클 활동도 열심히 했다. 천성적으로 친구들과 어울리는 것을 좋아하는 데다가, 운동하는 것도 너무 좋았다. 내가 1968년의 입시에서 떨어진 것도 어쩌면 당연한 결과였다.

나는 아버지의 권유에 따라 당시 후기였던 성균관대학교 화학과에 들어갔다. 그때는 편입이라는 게 있을 때였다. 성대를 좀 다니다가 편입 시험 봐서 누나가 다니는 수도의대에 들어가면 되지 않겠느냐는 것이 아버지의 생각이었다. 처음에는 나도 그럴 작정이었다. 그러나 나 같은 사람이 학교만 곱게 다닐 리 만무했다. 성대 미식축구부에 들어간 것이다.

고등학교 때 유도를 해서 몸이 꽤 좋은 편이었다. 내 별명이 '떡대'란 것만 봐도 알 듯이 성균관대학 미식축구부 선배들의 눈에 띄지 않을 리가 없었다.

그들은 미식축구라는 새로운 세계로 나를 인도했다. 당시 미식축구는 AFKN에서나 접할 수 있었던 생소한 스포츠였다. 몸과 몸이 부딪히는 격렬한 스포츠, 땀 냄새 물씬 풍기는 사나이들의 세계가 블랙홀처럼 나를 빨아들였다.

미식축구에 푹 빠져 시간을 보내노라니 한 학기가 훌쩍 가고 어느덧 가을이 되었다. 잔디밭에 누워 눈이 시리도록 푸른 하늘을 올려다보는데, 문득 이렇게 살면 안 되겠다는 생각이 들었다. 내 사는 모양이 어디로 갈지 모르는 저 하늘의 구름처럼 덧없이 느껴졌다. 적당히 학점 관리나 해서 아버지 말씀처럼 수도의대에 편입할 수도 있겠지만, 제대로 한번 공부해서 승부를 걸어보고 싶은 욕망이 꿈틀거렸던 것이다.

'되든 안 되든, 시험이나 봐 보자.'

나는 10월부터 학원을 다니며 3개월간 입시공부에 매진했다. 일단 마음 먹으면 집중력은 꽤 있는 편이라 그런대로 만족할 만한 결과가 나왔던 것 같다. 이듬해인 1969년 나는 서울대 의과대학에 입학했다.

당시 내가 의사가 되려는 목적이 분명했다면 의대 시절을 보다 알차게 보내지 않았을까 생각된다. 내 친구들 중에는 사랑으로 아이들을 가르친 페스탈로치의 삶에 감화를 받아 교육자의 길을 가기로 마음먹은 사람도 있고, 아프리카의 밀림에 병원을 개설하고 가난하고 병든 원주민들을 위해 평생을 헌신했던 '검은 대륙의 성자' 알버트 슈바이처의 삶에 감동하여 의사가 되려는 사람도 있었다.

그러나 내겐 그런 마음으로부터의 동기가 없었다. 어릴 때부터 공부는 좀 했지만 솔직히 꼭 뭐가 돼야겠다는 생각은 없었다. 다만 아버지가 수도의과대학에서 교편을 잡으셨기 때문에 의사들의 세계를 가까이 접하면서 의사라는 직업에 호감을 가지신 것 같다. 언젠가는 내게 이런 말씀을 하시기도 했다.

"내가 가만히 보니까 변호사들은 꼭 자기 아들을 법대에 보내더라고. 의사들도 마찬가지야. 자기 아들은 꼭 의대를 보내더라고. 그게 뭔가 좋으니까 시키는 게 아니겠어?"

그렇다고 아버지가 꼭 의대에 가야 한다고 강권하는 스타일은 아니었다. 다만, 그런 말씀을 종종 하시며 자식들에게 어떤 메시지를 심어 주려 하신 게 아닌가 싶다. 첫딸인 누나의 진로에 대해서는 좀더 직접적인 영향을 끼치신 걸로 알고 있다. 누나의 선택은 바로 밑의 동생인 나에게 결정적인 영향을 미쳤다. 누나가 의대를 가니까 나도 당연히 가야 되는 줄로 알았던 것이다.

그런 마음으로 의과대학에 들어왔으니 학과 공부에 대해서도 그리 진지하게 생각하지 않았다. 게다가 의예과 때는 다들 공부에만 전념하는 분위기도 아니었다. 놀아본 사람이 놀 줄도 안다고, 고등학교 때부터 운동 좀 하던 가락이 어디 가겠는가. 서울대 의대에 들어와서는 '산山'이라는 매혹적인 신세계에 푹 빠져서 한동안 정신을 못 차렸다.

그저 심신을 단련하는 수준의 등산이었다면 얼마나 좋았으랴. 국내의 산이란 산은 다 돌아다니며 암벽岩壁을 타고, 나중에는 그 비용을 마련하기 위해 아르바이트까지 하는 수준에 이르렀으니 자연 공부는 뒷전이 될 수밖에 없었다. 하도 공부는 안 하고 산에만 다니니까 어느 교수님이 혀를 차며 말했다.

"윤여규, 넌 의대 때려치우고 한국산악연맹에나 들어가!"

산악부 하계 원정 중 강릉에서. 아 젊음이여.
내가 봐도 꽤 쓸만했네.

산에 갔다 오면
벙어리도 말을 한다

　　　　　　　나를 산으로 인도한 것은 지금 미국 콜로라도에
있는 K라는 친구다. 사는 동네도 비슷하고 성향도 비슷해서 자주 어울렸는
데, 이 친구가 산악부 소속이라 산을 자주 다녔다. 그 친구에게 산에서 있었던
재밌는 이야기를 이따금씩 듣곤 했는데, 어느 날인가는 같이 가자기에 호기
심에 따라갔다.

　인수봉에서 록클라이밍암벽 등반 실습을 하는데 경험 많은 선배들이 로프
하나에 의지해 아찔하게 깎아지른 절벽을 타는 모습이 너무나도 매혹적이었
다. 그날부터 거의 산에 미쳐 살았던 것 같다. 나를 산에 데려갔던 K는 몇 번인
가 함께 산을 타고는 중간에 발을 빼버리고 말았다. 그러나 무얼 해도 끝장을
봐야 하는 나는 발을 빼기는커녕 두 발 깊숙이 산의 세계에 빠져 들어갔다.

　사람들은 종종 내게 물었다.

　'대체 등산의 매력이 무엇이기에 그렇게 열심히 산을 타는가.'

나를 그토록 사로잡은 등산의 매력은 무엇이었을까. 등산의 가장 큰 매력은 일 년 내내 즐길 수 있는 레포츠라는 점일 것이다. 특히 우리나라는 국토의 70%가 산으로 이루어져 있기 때문에 주머니가 얇은 대학생들도 약간의 돈과 시간만 있으면 누구나 쉽게 등산을 즐길 수 있다.

산은 계절의 변화를 가장 먼저 그리고 가장 민감하게 느낄 수 있는 곳이다. 봄 산행은 싱그러운 봄의 기운을 느낄 수 있어 좋고, 여름 산행은 깊은 계곡의 시원한 물소리를 즐길 수 있어 좋고, 가을 산행은 아름다운 단풍과 억새의 향연을 만끽할 수 있어 좋고, 겨울 산행은 칼바람을 온몸으로 맞으며 눈 덮인 설산雪山에 발자국을 찍는 묘미가 좋았다.

그러나 그 시절 진실로 나를 사로잡았던 것은 함께 산을 올랐던 이들의 인간적인 매력일 것이다. 서울대 산악부 선배들 중에는 짱짱한 엘리트들이 많았다. 의대 5년 선배, 그러니까 내가 예과 1학년일 때 본과 3학년이었던 선배들 몇몇이 당시 산악부 서클룸에서 먹고 자며 기거하고 있었다. 서클룸에 가면 으레 그 분들을 만날 수 있었는데, 다들 공부도 잘하고 언변도 좋고 나름대로 철학이 있는 분들이었다.

그중에서도 당시 산악부 터줏대감이었던 전주 출신의 R 선배가 지금도 기억에 남는다. 선배들과 급속도로 친해지면서 나는 수시로 서클룸을 들락거렸다. 가서 선배들 자잘한 심부름도 하고, 선배들이 시키는 대로 종이를 잘라서 설악산 등 국내 주요 산의 입체 지도를 만들기도 했다.

나중에는 나도 선배들처럼 서클룸에서 지내다시피 했다. 당시 우리 집은 삼선교, 학교에서 엎어지면 코 닿을 정도의 거리였지만 아르바이트를 하게 되면서는 집에 왔다 갔다 하는 것마저 번거롭게 느껴졌던 것이다.

아르바이트를 시작한 것은 등산 장비를 장만하기 위해서였다. 초기에는 군화만 신고도 덜렁덜렁 따라갔지만, 본격적으로 등반을 시작하게 되자 이것저것 필요한 장비들이 꽤 많았다. 요즘에는 질 좋고 저렴한 장비가 많이 나와 있지만, 그때만 해도 가격이 상당히 비쌌다.

가난한 대학생 입장에서는 제대로 된 신발 하나 장만하는 것도 힘든 일이었다. 여름과 겨울에 하는 종주등반도 꽤 많은 돈이 필요했다. 그렇다고 집에 손을 벌릴 수는 없었다. 우리 집이 먹고는 사는 집이라고 하나 누나와 내가 대학생이었고, 동생들이 줄줄이 네 명이었다.

평일에는 학교 수업과 아르바이트를 병행하다가 주말이 되면 암벽등반Rock climbing을 하러 인수봉에 갔다. 이화여대 메이데이 축제날이 되면 동기들은 모두 이대로 몰려가고 나는 보따리 싸들고 산으로 갔다. 그런 면에서 나와 죽이 잘 맞았던 친구가 지금 삼성서울병원에 있는 L과 B였다. 한 해를 마감하는 12월 31일, 많은 대학생들이 보신각 타종소리를 듣기 위해 종로로 몰려갈 때도 우리는 배낭을 메고 얼어붙은 겨울산을 올랐다.

"야, 집에 있으면 뭐하냐? 도봉산에나 가자!"

우리는 산에서 올나이트를 하며 깊은 대화를 나누곤 했다. 그땐 무슨 고민이 그리도 많았는지, 해도 해도 끝이 없는 세상 이야기에 밤을 하얗게 지내우기 일쑤였다.

예과 2학년 시절 정신과 인턴 한오수 선배님과 함께 설악산에서.
이때부터 등산의 매력을 알게 된 것 같다.

콜로라도 덴버에서,
나를 처음 산으로 이끌었던 김명호 동문 가족과 함께

'산에 갔다 오면 벙어리도 말을 한다'는 말이 있다. 산에 가면 하도 듣는 게 많아 말문이 트인다는 얘기다. 나 역시 그랬다. 선배들을 따라 산에 가면 본과 3~4학년 선배들이 모여앉아 이야기를 나눈다. 의대 후배들 이야기, 교수 이야기, 인생 이야기, 세상 돌아가는 이야기, 오만 가지 이야기가 다 나온다. 새까만 하늘을 올려다보며 선배들의 이야기를 듣노라면 어느 순간 새벽별 같은 깨달음에 가슴을 치기도 했다.

이렇게 공부해서
뭐가 될까

산에 미쳐 있었던 예과 1학년을 끝으로, 아니 본과 올라가기 전에라도 산악부 생활을 정리하고 내 본연의 자리로 돌아왔다면 의대 공부가 그렇게 힘들지는 않았을 것이다. 그러나 나는 그러지 못했다. 내가 한번 하겠다고 마음먹으면 의대 공부쯤 쉽게 따라갈 수 있을 거라고 자만했던 탓이었다.

나는 산악부를 정리하기는커녕 스키부 활동에까지 영역을 넓혔다. 겨울 등산 하산길에 우연히 스키를 탔다가 그 맛에 단단히 재미가 들린 것이다. 사각거리는 슬로프의 감촉을 느끼며 빠른 스피드로 하얀 설원을 누비는 짜릿한 맛은 그 무엇에도 비할 수가 없었다. 등산이 한 발 한 발 위로 오르는 땀과 고난의 즐거움이라면 스키는 빠른 속도로 활주하는 즐거움이 컸다.

운동신경이 있는 편이라 난이도 높은 기술도 금방 배웠다. 나는 봄부터 가을까지는 등산을 즐기다가 겨울이 되면 스키부의 합숙훈련에 참여하였다. 보통 12월 20일쯤 합숙을 들어가면 거의 2월 말이 돼야 끝이 났다. 두 달여의 훈련 기간 동안 우리는 매일 아침 6시 반에 일어나 밤 10시에 잠자리에 드는

1970년 서울대 스키부 합숙훈련.
추운 겨울 맨손으로 의리를 외쳤던 주장 박인철 선배와 함께

고된 생활을 반복했다. 그렇게 집중적으로 트레이닝을 하니 실력이 부쩍부쩍 늘어 선수급 기량을 갖추게 됐다. 실제로 전국체전에 스키 선수로 나가 시합을 뛴 적도 있다. 그때 영향을 많이 받은 스키부의 P 선배, L 교수, J 박사와는 지금도 가까이 지낸다.

어느 해 여름에는 청평에서 2주 간 수상스키를 배우기도 했다. 당시는 수상스키가 일반에 별로 알려지지 않았을 때였다. 나 역시 처음 해보는 수상스키였지만 운동신경이 좋은 편이라 첫날부터 원스키로 시작해서 갈채를 받았던 기억이 난다.

스키부 활동까지 하느라 돈은 점점 더 필요했고, 공부할 시간은 점점 더

부족해졌다. 예과 때는 놀 거 다 놀고 시험 때만 벼락치기를 하는 식으로 공부를 해도 어느 정도 버틸 수가 있었다. 그러나 본과에 올라가니 공부하는 습관이 안 돼 있어 그야말로 죽을 맛이었다. 공부의 세계에서 너무 오래 떨어져 있었던 탓이다. 시험을 봐도 성적이 안 좋아서 툭하면 재시험 지시가 떨어졌다. 이대로는 안 되겠다 싶어 휴학할 마음까지 먹었다.

'내가 이렇게 공부해서 뭐하겠는가. 휴학을 해서 제대로 공부를 하자.'

결국은 그 상황을 용케 극복해 나갔지만, 하고 싶은 거 다 하고 공부를 하려니 힘든 건 사실이었다. 물론 나만 힘든 건 아니었다. 의대 공부라는 게 녹록치가 않아서 나와 같이 입학한 동기들의 반 정도는 휴학이나 낙제 등으로 함께 졸업을 하지 못했다. 운 좋게도 그 상황은 간신히 면했지만 항상 겨우겨우 따라가는 수준이었던 것 같다.

아내를 만난 뒤로는 등산과 스키를 좀 자제하기는 했지만, 4년간 해 왔던 것을 한순간에 포기할 수는 없었다. 결국 한 6년 아르바이트를 하면서 공부를 했다. 지금 돌아봐도 분초를 아껴 가며 바쁘고 열심히 살았던 6년이었지만, 공부에 대해서는 아쉬움이 남는다.

워낙에 운동을 오래 해 왔고 단체생활에 익숙해서 인간관계relationship가 좋다는 소리를 많이 들었다. 하지만, 공부는 릴레이션십 가지고 하는 게 아니다. 공부, 특히 의과대학의 공부라는 건 누가 가르쳐서 되는 게 아니라 혼자 앉아서 자기 스스로 깨우쳐야 된다. 그런데 앉아 있을 시간도 없이 맨날 돌아다니기만 하니 공부가 될 리가 없었다.

그렇다고 그 시절 나의 선택을 후회하는 것은 아니다. 등산과 스키는 내 삶을 더욱 풍요롭고 가치 있게 만들어 주었고, 대인관계의 폭을 넓혀 주었다. 사실 소심하거나 자기중심적인 사람은 산악부나 스키부에서 실시하는 합숙 훈련을 배겨 내기가 어려웠다.

훈련 자체도 고될 뿐 아니라 때로 잘못하는 일이 있으면 선배들한테 단체 기합을 받거나 '빠따'를 맞는 일도 종종 있다. 때로는 추운 날씨로 인해 '빠따'가 부러지는 경우도 있다. 동기들 중에는 그런 걸 견뎌내지 못하고 중간에 보따리 싸서 나가는 이도 많았다. 끝까지 남는 건 대부분 무난하고 인내력이 뛰어나 단체생활에 익숙한 애들이다. 그런 친구들은 어떤 조직에 갖다놔도 적응을 잘하고 인간관계도 좋으며 자신의 길을 지혜롭게 찾아나간다.

불행한 시대
불안한 젊음

내가 대학을 다녔던 시대는 매캐한 최루탄 냄새가 밴 불행한 시대였다. 학문과 진리의 전당은 총칼에 짓밟히고, 시위와 휴교가 밥 먹듯이 되풀이되었다. 어제까지 친하게 지냈던 친구가 느닷없이 감옥에 끌려가는 일도 비일비재했다. 시위가 벌어진 날은 하루에 2~30명의 부상자가 피를 흘리며 병원으로 실려 왔다.

내가 대학 때 산으로만 돌았던 것은 당시의 어두운 시대상황과 무관하지 않다. 마음잡고 공부 좀 하려고 하면 수업 거부, 시험 거부로 시위가 시작되고, 그 시위는 늘 휴교로 마무리되게 마련이었다. 그러다 보니 부족한 수업일수를 채우느라 방학도 별로 없었다. 휴교 조치가 내려지면 하루하루가 참으로 갑갑했다. 언제 개학할지 모르기 때문에 어디 멀리 가 있을 수도 없는 노릇이고, 학교 주변을 어슬렁거려 본들 뾰족한 수도 없었다. 휴교만 하면 보따리 싸 들고 산으로 간 것은 바로 그 때문이었다.

그런 내게 다가온 친구가 지금 모 병원 원장인 Y이다. 당시 흥사단아카데미 활동을 열심히 했던 Y는 서울대 의대 최초의 이념서클이라 할 사회의학연구회 활동에도 깊이 개입돼 있는 열렬한 운동권이었다. 지금은 어떤지 모르지만 당시만 해도 좌파 이념에 상당히 경도돼 있었던 걸로 기억된다. 물론 나는 그런 이념적 지향과는 거리가 먼 사람이지만, 그를 따라 몇 번 가봤던 흥사단에는 좋은 느낌을 가지고 있었다.

당시 명동에 있었던 흥사단에서는 금요일마다 숭전대 안병욱 교수, 함석헌 선생 같은 이들을 초대해서 강좌를 열었다. 꽉 막힌 시국에 갑갑증을 느끼는 피 끓는 젊은이로서 그런 이들의 강연을 듣다 보면 속이 후련해지기도 했다. 흥사단 활동에 흥미를 느낀 나는 안병욱 교수의 책을 사서 읽기도 하면서 서서히 그쪽 세계에 발을 들였다.

Y는 닥터 노먼 베쑨이라든가 프란츠 파농 같은 사람들 이야기를 하면서 사회의학에 대한 나의 관심을 부추겼다. 그는 노동봉사 활동을 주선하기도 하고, 사회과학 세미나를 하는 팀을 소개해 주기도 했다. 노동봉사나 사회과학 세미나에서 내가 만난 것은 마르크스 이념이었다. 나는 좌파 이념과는 생래적으로 잘 맞지 않는 사람이었다. 사상교육에 거부반응을 보이는 내게 Y가 말했다.

"넌 부르주아지 기운이 있어서 안 돼."

진짜 내 마음을 움직인 것은 그런 사상이나 이념이 아니라 태안반도에서 무의촌 봉사를 하며 만난 가난한 주민들의 삶이나, 성남대단지로 강제 이주된 이들의 비참한 모습이었다. 그때가 70년대 초반이었으니 우리 사회에 가난하고 어렵게 사는 사람들이 얼마나 많았는가. 난생처음으로 이 사회의 적나라한 민낯을 목도한 충격이란 이루 말할 수가 없었다.

나는 자연스럽게 당시 예방의학에서 새롭게 대두한 '사회의학'에 눈을 뜨게 됐다. 환자 하나만 보는 게 아니라 환자가 처한 여러 상황을 함께 보고 그것을 고치기 위해 노력해야 한다고 생각한 것이다. 요즘 맹장염은 병도 아니지만 당시는 맹장수술 할 돈이 없어서 어려워하는 사람이 상당히 많았다. 보험 제도도 없을 때라, 병원비라는 게 부르는 게 값이라 해도 과언이 아니었다.

그러나 그런 생각을 갖고 있다 해도 일개 의사 입장에서 할 수 있는 것은 사실 많지 않았다. 그저 환자 보호자들이 '잘 봐 달라'고 의사들에게 쥐어주는 촌지를 거절하는 것, 병원비 없는 환자에게 슬리퍼를 건네주고 창문 너머로 도망가게 하는 것 정도가 당시 내가 할 수 있는 최선이었던 것 같다.

본과 때 한 2년간 했던 흥사단 활동을 완전히 정리하게 된 계기가 있었다. 어느 날 우리 집에 형사 두 사람이 찾아와 나에 대해 이것저것을 캐묻고 간 것이다. 그들은 내가 어떤 시국사건에 관계된 것 같다며 우리 아버지를 혼비백산하게 만들었다. 아버지는 깜짝 놀라 손을 회회 저으며 말했다고 한다.

"우리 애는 그런 애가 아닙니다. 지금 스키시즌이라 대관령에 스키 타러 갔는데 그게 무슨 말이오!"

내 생각엔 꼭 무슨 일이 있어서가 아니라 운동권 서클에 소속된 학생들을 미리 사찰한 게 아닌가 싶다. 어쨌든 두 형사는 '스키' 운운하는 교수 아버지의 포스에 눌려 순순히 물러났다고 한다. Y의 말대로 '부르주아지의 기운'은 어쩔 수가 없는 것이었을까.

스키부 시절 한 신문사에 실린 기사의 모델로 촬영한 사진.
당시 주위에서 꽤 화제가 됐었다.

연애의 추억

아내를 처음 만난 것은 본과 3학년 때였다. 나보다 세 살 아래인 아내는 당시 서울대 음대에서 성악을 전공하고 있었다. 아내를 만나게 해 준 분은 우리 동네에 사시는 서울 음대 Y교수님이었다. 그 집 딸과 내 막내 여동생은 친구 사이로, 서로의 집을 왔다 갔다 하며 친하게 지냈다.

하루는 그 집 딸이 우리 집에 와서는 대뜸 나를 찾았다. 아마 일요일이었던 것 같다.

"오빠, 우리 어머니가 놀러 오래요."
'어머니'란 바로 그 음대 Y교수님을 말하는 것이었다.
"나를? 왜?"

그 집 딸은 내 질문에는 아랑곳없이 제 할 말만 전하고는 내 동생과 놀러 나가 버렸다. 나는 영문도 모르고 Y교수댁을 찾아갔다. 집안으로 들어가니 웬 여학생들이 방안에 가득했다. 주말을 맞아 음대 여학생들이 지도교수 댁에 놀러온 것이었다.

　　"윤 군, 어서 와! 오늘 내가 소개해 줄 사람이 있어서 오라고 했어."

　　그날 교수님이 소개해 준 사람이 바로 아내였다. 여학생들 사이에 앉아 있던 아내는 예쁘장한 얼굴에 청초하면서도 단아한 분위기를 가진 여성이었다. 내 어깨에도 미치지 않는 자그마한 키에, 가느다란 팔과 다리가 만지면 부서질 것처럼 가냘파 보였다. 그 여학생과 눈이 마주치는 순간, 나는 얼굴이 확 달아오르는 것을 느꼈다.

　　그때까지 나는 진지하게 여학생을 사귀어 본 적이 없었다. 학창시절 내내 등산하고 운동하는 데만 온통 정신이 팔려서 그런지, 여자에 대한 관심이 별로 없었다. 여자들 꽁무니만 졸졸 쫓아다니는 남학생들이 한심하게 여겨지기도 했고, 여자들과의 어색한 만남보다는 남자들만의 활동적인 문화가 더 배짱에 맞았다.

　　미팅은 몇 번 주선해 본 일이 있다. 요즘은 어떤지 모르겠지만, 당시 미팅을 주선하면 여자한테 5백 원, 남자한테는 천 원씩을 받았다. 음료수와 빵 값을 계산하고 나면 돈이 얼마간 남는데, 그 몇 푼 챙기는 재미로 미팅을 주선했던 것이다.

　　그런 내가 아내를 만난 뒤로 급격히 달라졌다. 아내를 생각하면 이상하게 마음이 설레었다. 방금 만나고 돌아오면 또 만나고 싶고, 만나면 헤어지기 싫었다. 열병과도 같은 연애의 시작이었다. 나는 그 좋아하는 운동 시간까지 줄여 가며 아내를 만나러 다녔다.

1975년 약혼식.
예나 지금이나 변함없이 고운 내 아내

1987년 누나네 가족,
여동생 가족과 함께 미국 누나네에서

그 무렵 나는 스키부 합숙비용을 마련하기 위해 신사동에서 입주과외를 하고 있었다. 전쟁 같은 의대 공부 따라가랴, 틈틈이 산에 다니랴, 아르바이트 하랴, 몸이 열 개라도 모자랄 판에 연애까지 하게 되었으니 하루 24시간을 쪼개고 또 쪼개며 살았다.

그 무렵 우리 누나도 목하 열애 중이었다. 나와는 또 다른 전쟁 같은 연애 였다. 상대는 누나의 클래스메이트로, 마취과 전공의였다. 첫딸인 누나에 대한 기대가 높았던 아버지는 처음부터 그를 탐탁지 않아 했다. 사실 아버지의 기대치가 너무 높아서 그렇지 그의 매형은 E대 병원 산부인과 교수였고 집안도 괜찮은 편이었다. 부모님이 이북에서 내려오신 분들이었는데, 미국으로 건너가 슬하의 9남매를 다 훌륭하게 키워 냈다.

그러나 아버지 입장에서는 영 마땅찮은 사위였다. 누나는 당시 인턴을 마치고 레지던트를 할 때였는데, 의대에서 보기 드문 미모를 지닌 재원이었다. 애지중지 키운 딸의 짝으로 그 정도 사윗감이 아버지 성에 찰 리가 없었다. 결혼하면 낯설고 물선 미국으로 딸을 보내야 한다는 것도 못마땅했다. 아버지는 누나와 매형의 사귐을 극력 반대했고, 장남인 나는 본의 아니게 그들 사이를 가로막는 악역을 맡아야 했다.

매형이 누나와의 결혼을 허락해 달라고 집에 찾아왔을 때 결국 사단이 났다. 아버지는 매몰차게 매형의 따귀를 올려붙이며 딸과 헤어지라고 몰아세웠다. 그러나 집안의 반대가 격렬할수록 연애는 더욱 불붙는 법이다. 그들은 아버지의 반대와 나의 방해를 뚫고 결혼에 성공했다.

누나가 결혼한 뒤 아버지는 더 이상 자식들의 혼사에 깊이 개입하지 않았다. 덕분에, 나는 물론 내 밑의 남동생과 여동생들도 모두 연애결혼을 했다. 물론 아버지의 덕이라기보다는 우리 남매가 다들 개성이 강하고 독립적인 성격이기 때문일 것이다.

우리 집에서 유일하게 중매로 결혼한 사람이 안과 의사인 막내 동생이다. 막내는 나와 띠동갑으로, 우리 형제들 중에서 제일 착했다. 어머니의 뜻에 따라 중매결혼을 했지만, 워낙에 성품이 좋고 착해서 오순도순 화목한 가정을 꾸려나가고 있다.

미국에 간 누나는 매형과 함께 마취과 전문의로 일하면서 종종 소식을 보내오곤 했다. 훗날 미국에 갔을 때 나는 누나네 집에 들러 매형에게 옛일을 사과했다.

"형님, 그땐 내가 미안했어요."
"아냐, 처남도 중간에서 힘들었을 거야. 내가 알아."

80년대 후반에 미국 하버드 대학으로 2년 간 연수를 갔을 때도 나는 수시로 누나네 집에 들렀고, 매형과도 형제처럼 가깝게 지냈다. 지금은 추억이 돼버린 아득한 옛날이야기다.

하늘이 2천 평

본과 4년을 마치고 입대를 했다. 1975년이었다. 만일 어머니가 군대에 대해 들은 게 있었다면 당신 성격에 그냥 지켜보고만 있지는 않았을 것이다. 그런데, 불행인지 다행인지 우리 집안에서는 내가 첫 입대였고, 부모님 모두 군대에 대해 무지했다. 아버지도 작은아버지도 군대를 가시지 않았기 때문이다.

아내와는 제대하면 곧바로 결혼하기로 약조가 된 상태였다. 양가에서도 우리 사이를 알고 있었다. 그런데 신병훈련을 마치는 날 훈련소에 오신 부모님과 이야기를 하고 있는데 부산 처가에서 차를 보냈다는 전갈이 왔다. 마침 부모님도 오셨으니 잠깐 다녀가라는 것이었다.

졸지에 생각지도 못했던 상견례 자리가 마련됐다. 양가 부모님은 서로 몇 마디 나누더니 우선 약혼이나 하고 3년 후에 결혼식을 올리자고 합의하셨다. 나는 어른들의 말씀에 따라 아내와 약혼식을 올린 뒤 근무지로 돌아갔다.

내가 군의관으로 근무하게 된 곳은 강원도 화천군 사내면 사창리에 있는 예비사단이었다. '하늘이 2천 평'이라는 말처럼 산세도 깊고 숲이 울창해서 마치 원시림을 연상시키는 곳이었다. '하늘이 2천 평'이란, 사창리라는 데가 워낙 나무가 우거지고 해도 주변에 아무 것도 없는 오지라 아무리 봐도 '하늘 2천 평' 밖에는 보이지 않는다 해서 생긴 말이었다.

군의관 신분이고 계급도 중위이니 일반 사병보다는 견디기가 한결 나았지만 강원도 최전방에서 하는 군 생활이 쉬울 리가 없었다. 1년차 때는 그저 아내가 면회 오는 날을 손꼽아 기다리는 재미로 시간을 보냈던 것 같다.

그때만 해도 산길에서 차가 전복되거나 벼랑으로 굴러 떨어지는 등 군 사고가 잦았다. 자연히 바깥에서 기다리는 아내와 가족들의 걱정이 클 수밖에 없었다. 그래도 나는 어딜 가나 사람은 잘 사귀는 편이라 그 생활에도 조금씩 적응이 되어 갔다. 그때 만난 S 교수는 지금도 흉허물 없이 지내는 사이다.

그해 가을 무렵에는 처가에 갔다가 뜻밖의 말씀을 듣게 되었다. 비록 제대를 하려면 2년이 남은 시점이었지만 우리를 결혼시키고 싶다는 것이었다. 처가 입장에서는 귀하게 키운 딸의 약혼기간이 길어지는 것도 신경 쓰이는데다가 무엇보다 장모님의 병환이 깊을 때였다.

그렇게 해서 군인 신분으로 결혼식을 올린 나는 그 이듬해 대구 육군 군의학교에서 근무하게 되었다. 군의관 1년차가 끝나면 위치 이동을 하는데, 1년차 때 오지에 근무했던 사실이 고려되어 후방으로 보내진 것이다. 다행한 일이었다.

대구에 신접살림을 꾸민 나는 군의학교로 출퇴근을 했다. 산중 오지의 부대에서 지내다가 대구로 오니 민간인이 된 듯한 착각마저 들었다. 아내와 함

와이프 음대 석사 시절.
성공적인 음악회를 기념하여 파티

께 생활하는 자체가 커다란 정서적 안정감을 주기도 했다. 그렇게 군의관 2년
차를 보내는 와중에 장모님이 돌아가셨다. 아내는 한동안 처가에 머무르며
혼자 된 장인어른 곁을 지켰다. 부산에서 대구까지는 한 시간 반 정도 거리라
나 역시 일주일에 한두 번은 부산에서 장거리 출퇴근을 했다. 첫 아이도 부산
에서 낳았다.

  3년차 말에는 서울로 올라오게 됐다. 이때부터는 본격적으로 제대 후의
진로를 고민하지 않을 수 없었다. 사실 나는 국방의 의무만 마치면 미국에 갈
생각이었다. 당시에는 의대를 마치고 미국에 가는 사람이 많았다. 베트남 전
쟁이 한창 벌어질 때 미국 의사들이 대거 전장으로 파견되자 미국 정부는 모

자라는 의사를 충원하기 위해 외국인 의사를 많이 받아들였다. 한국 의사들도 상당히 많은 수가 미국으로 진출했다.

그런데 공교롭게도 내가 제대를 할 무렵에는 상황이 전혀 달라져 있었다. 그때는 이미 미국 본토에 있는 의사가 포화 상태라, 외국인 의사를 채용하는 병원이 대폭 줄었던 것이다. 미국행을 포기하고 있을 즈음 미국국립보건원 National Institutes of Health에 T.O가 있다는 소식이 들려왔다. 그러나 자세히 알아보니 나와는 조건이 맞지 않았다. 의대를 졸업한 지 2년 이내인 사람을 뽑는데, 나는 졸업 후 3년 동안 군대 생활을 했기 때문에 자격이 안 됐던 것이다.

'아, 내가 미국에 갈 팔자는 아니로구나…….'

나는 미국 가는 길을 포기하고 인턴 생활을 시작했다.

CHAPTER 3

사람,
사람들

모차르트
내 동생

앞에서 '모차르트'에 비유했던 내 밑의 동생은 서울대학교 문리대에 입학했다. 나와 세 살 터울이니 아마 71학번이었을 것이다. 정치적으로 매우 혼란한 시기라, 대학가에서 연일 시위가 이어지던 때였다. 휴교와 시위가 반복되던 1971년, '학생운동의 메카'로 알려진 서울대 문리대에 들어간 동생은 자연스럽게 학생운동에 빠져들었다. 나 역시 흥사단 활동을 하면서 학생운동권이 제기하는 이슈들에 관심을 기울이던 무렵이었다.

한동안 열심히 활동하는가 싶더니 낙엽이 떨어지는 늦가을 아침에 느닷없이 나를 찾아왔다. 맨날 밤에 책 본다고 앉아 있고 아침에는 도무지 일어나지 않던 아이가 나를 찾아오니 슬며시 걱정이 됐다. 무슨 일이 있나 싶었던 것이다. 아니나 다를까. 학교를 그만뒀다는 것이었다.

"왜?"
"재미없어 못 다니겠어요."

말은 그렇게 했지만, 속에 많은 고민과 아픔이 있으리라 짐작이 됐다. 학생들의 시위가 격렬해지자 박정희 정권이 위수령을 발동하여 각 대학에 군인들을 진주시킨 것이 바로 그 얼마 전의 일이었다. 서울대를 비롯한 8개 대학에 무기한 휴업령이 떨어졌고, 수많은 학생들이 제적되고 강제입영 되었다. 학생운동이 거의 궤멸되다시피 한 상황에서 학교 다닐 맛이 나지 않는 것은 당연한 일이었다.

"아버지한테 얘기했냐?"

"아직 못했어요."

"학교 그만두면 어떻게 하려구?"

"공대 시험이나 볼까……?"

그때가 11월, 대학 입시까지 두 달이 남은 시점이었다. 나는 아무 말도 하지 않았다. 어처구니가 없었지만, 동생이니까 할 수 있는 말이기도 했다. 문제는 제2외국어였다. 우리가 입시를 볼 때는 없었던 제2외국어 시험을 치러야 했던 것이다.

"제2외국어는 어떻게 하려고?"

"형님 친구 중에 불어 잘하는 사람 있지 않아요?"

나는 외국어대학교 불어과를 나온 G라는 친구를 동생에게 소개해 주었다. 그 친구의 도움을 얼마나 받았는지는 모르지만, 하여간 동생은 두 달 뒤에 시험을 치렀다. 잘 봤냐고 물었더니 동생이 하는 말이 걸작이었다.

모차르트 내 동생,
사랑하는 아우 여범이와 함께

2009년 회갑연. 여범, 여돈 사랑하는 아우들과 즐거운 시간.
무뚝뚝하게 늘 표현은 안 했지만 항상 고맙고 많이 아낀다고 이 지면을 빌어 전하고 싶다.

"두 개나 틀렸네, 에이!"

이듬해, 동생은 서울대 공대에 입학했다. 남들이 한번 들어가기도 어려운 서울대를 두 번이나 들어간 셈이다.

그렇게 머리가 비상하고 똑똑했던 동생이 지금 많이 아프다. 몇 년 전부터 속이 안 좋고 몸무게가 자꾸 빠진다고 해서 만날 때마다 건강검진을 권했다. 하지만 평생 건강검진이라는 걸 해보지 않고 살아온 동생은 무섭다면서 번번이 뒤로 미루는 것이었다. 머리는 브라이트할지 몰라도 그런 면에서는 꽤나 소극적인 성격이었다.

"무섭긴 뭘 무서워? 비용은 내가 다 댈 테니 아무 걱정하지 말고 병원에 한 번 나와."
"검사했는데 암이라고 그러면 어떡해요? 불안해서 못하겠어요."

그렇게 시간을 끌더니 2년 전쯤 병원에 갔다. 통증이 너무 심하니까 할 수 없이 간 것이다. 위암이었다. 암이 너무 번져서 수술을 할 수도 없는 상태였다. 동생은 지금 2년째 항암치료를 받고 있다. 끝까지 삶의 희망을 놓지 않고 굳건히 버텨나가기를 빈다.

슬픈
결혼기념일

　　　　　　　　이상하게도 우리 집안에는 예순을 못 넘긴 사람들이 많다. 할아버지는 예순한 살에 돌아가셨다. 만으로는 예순에 돌아가신 셈이다. 아버지는 쉰아홉 살인 1979년에 세상을 떠나셨고, 작은 아버지도 예순을 갓 넘어 돌아가셨다.

　아버지는 간암 판정을 받기 전 해부터 허리가 아프다는 말을 간혹 했다.

　"요새 허리가 자꾸 아프네. 디스크가 왔나 봐."
　"아버지, 허리 아픈 데는 여러 가지 요인이 있을 수 있어요. 검사를 받아보시는 게 좋아요. 언제 우리 병원에 한번 나오세요."

　그때 나는 레지던트 2년차였다. 아버지는 손을 저으며 말했다.

　"너한테까지 갈 거 뭐 있어? 고대 병원에 내 친구가 얼마나 많은데……."

고대 교수로 오래 봉직하셨으니 그럴 만도 한 이야기였다.

"그럼 고대 병원에 가서 꼭 검사를 받으세요."

아무리 친구 중에 의사가 많아도 검진할 때는 다른 사람에게 보이는 것이 좋다. 친구 사이라는 게 오히려 의사의 객관적 판단을 흐리게 할 수 있기 때문이다. 아버지가 고대 병원 정형외과에 가서 '내가 디스크가 있는데, 요새 점점 심해지네' 하니까 의사도 그 외의 질병은 생각지도 못한 것이다.

아버지는 몇 개월 동안 열심히 디스크 치료를 받았다. 그러나 아무리 치료를 받아도 통증은 점점 심해졌고, 열까지 났다. 허리께에 뭔가 혹 같은 것이 만져지기도 했다. 아버지도 좀 이상하게 느껴졌던지 이듬해 학회 참석차 미국으로 출국하기 전에 다시 고대 정형외과를 찾았다.

"야, 여기 무슨 혹이 있는데 괜찮은 거야?"
"글쎄, 괜찮은 거 같은데……. 이번에 미국 간다면서?"
"응. 미국 간 김에 딸네집에 좀 있다 오려고."
"그럼 갔다 와서 정밀검사 한번 해 보자고."

이렇게 된 것이었다. 오랜만에 미국에 있는 누나를 만나고 돌아온 아버지의 상태는 급격히 악화되었다. 통증이 너무 심해서 일상생활을 할 수가 없을 정도였다. 당시 나는 레지던트 2년차로 제주도에 파견 나가 있을 때였다. 멀리서 아버지 소식을 전해들은 나는 급히 상경하여 아버지를 입원시켰다. 입원할 필요 없다고 고집을 피우시던 아버지도 내가 서울대 병원 특실을 잡아놓고 버티자 하는 수 없이 입원수속을 밟으셨다. 그때가 1979년 4월경이었다.

서울대 정형외과 의사는 엑스레이 사진을 보자마자 나를 돌아보았다. 표정이 어두웠다.

"디스크가 아니라 간암입니다. 척추까지 번졌습니다."

아버지의 허리 통증은 디스크 때문이 아니라 간암이 척추로 전이되면서 온 것이었다. 암이 뼈까지 번져 도저히 손을 쓸 수가 없는 상황이었다. 뒤통수를 한 대 맞은 것 같은 충격과 후회, 그리고 자책감이 몰려왔다. 아버지가 이 지경이 될 때까지 전혀 모르고 있었으니, 딸이 의사고 아들이 의사면 뭐하는가. 1년 전 허리 아프다는 얘기를 들었을 때 강제로라도 서울대 병원에 모셨다면 수술이라도 해 볼 수 있었을 텐데…….

그러나 후회한들 무엇 하겠는가. 항암치료를 하며 경과를 지켜보는 것 외에는 다른 도리가 없었다. 나는 토요일 근무가 끝나면 마지막 비행기를 타고 서울에 올라와 주말 내내 아버지 상태를 지켜보다가 월요일 아침 첫 비행기를 타고 제주도로 돌아가곤 했다. 7개월 간 항암 치료를 받으며 암과 싸우던 아버지는 그해 11월 15일 59세를 일기로 조용히 눈을 감았다. 그 무슨 우연의 일치인지, 그날은 아내와 나의 결혼기념일이었다.

1969년 서울대학교 입학식.
어느새 훌쩍 커버린 나와 항상 그리운 아버지와 함께

'지금, 여기'에
충실하라

아버지가 그렇게 예뻐했던 우리 누나도 쉰아홉 살에 난소암으로 세상을 떠났다. 누나가 암 발병 사실은 안 것은 7년 전이었다. 그전에도 종종 배가 불편했던 모양인데, 초음파를 해봐도 딱히 나오는 게 없어 괜찮은 줄 알았다는 것이다. 어느 날 갑자기 배가 아파서 정밀진단을 해보니 이미 암이 번질 대로 다 번져서 수술도 어려운 상황이었다. 항암치료를 시작한 누나는 가까스로 7년을 버티다 결국 눈을 감고 말았다. 아깝고 애통한 죽음이었다. '만일 누나가 한국에 있었더라면 그렇게 서둘러 가지는 않았을 텐데……' 하는 안타까움이 크기도 했다.

의사라는 직업의 특성상 타인의 고통과 죽음을 일상적으로 접하며 살고 있지만, 사랑하는 가족의 죽음에는 도무지 초연해질 수가 없다. 의사들도 결국은 인간이기 때문이다. 특히, 사랑하는 아버지와 누나가 예순을 넘기지 못하고 세상을 떠난 뒤로는 슬픔과 충격을 가누기 어려웠다.

매년 정기검진을 받긴 하지만 예순 살 전후로는 '설마 나도?' 하는 생각에 불안감이 엄습하기도 했다. 누나와 고작 한 살 차이인데다, 간암으로 돌아가신 아버지처럼 나도 어지간히 술을 좋아하는 애주가, 호주가였기 때문이다. 누나가 떠난 뒤로는 술자리를 1차로 끝내는 버릇이 생겼다. 죽음에 대한 공포보다 남겨질 가족의 고통과 상실감이 더욱 걱정이 됐다.

그러나 중요한 것은 '지금, 여기'를 충실하게 살아내는 것이다. 사랑하는 사람이 떠나도 삶은 계속된다. 56세에 홀로 된 어머니는 한동안 우울해하는가 싶더니 곧 예전의 활동적인 모습을 회복했다. 미혼인 막내 동생을 좋은 집안의 여식과 짝지어 주기 위해 동분서주하셨고, 건물을 짓고 세를 주고 하면서 아버지가 남긴 재산을 부지런히 일궈내셨다.

"편하게 사시지 뭘 그렇게 애를 쓰세요?"
"내가 낙이 뭐 있냐? 이런 재미라도 있어야지."

그도 그렇겠다 싶어 동생들에게 단단히 일러두었다.

"어머니 살아생전에 어머니가 번 건 어머니가 알아서 쓰시게 하자. 나도 안 건드릴 테니 니들도 건드릴 생각 하지 마라. 다들 대학교 졸업했고, 먹고 사는 덴 지장 없으니 그만하면 됐지 않냐."

장남이 그렇게 못을 박으니 동생들도 군말이 있을 리 없다. 다들 자존심이 강한 만큼 독립심도 강해서, 조금이라도 남에게 폐가 되거나 아쉬운 소리를 하는 성미들이 아니다. 나로서는 그런 동생들이 대견하고 고마울 따름이다.

호랑이같이 무서웠지만, 늘 적극적이고 지혜로우셨던
어머니와 함께한 박사학위 수여식

　그렇게 정열적으로 사시며 외로움과 싸우던 어머니도 80대에 접어들자
치매가 오기 시작했다. 3년 전부터는 의식불명으로 서울대 병원에 누워 계신
다. 90세가 가까운 나이, 스스로 호흡은 하지만 급식튜브로 코를 통해 영양을
공급받고 있으니 살아도 산 게 아니다. 어머니를 뵐 때마다 안쓰럽고 착잡해
지는 마음을 금할 수 없다.

　그러나 다른 한편으로는 최선을 다해 자신에게 주어진 삶을 살고, 또 이렇
게 죽음을 예고하며 자식들에게 마음의 준비를 할 시간을 주시는 어머니가
고맙기도 하다. 부모님 세대가 저물고 나면 이제 우리 차례가 될 것이다. 그것

이 인생이다.

　인간의 삶이란 만남과 이별의 연속이다. 매일 새로운 사람을 만나고, 매일 또 다른 이별을 경험한다. 젊은 나이에 요절한 가수 김광석의 〈서른 즈음에〉 마지막 구절처럼 '매일 이별하며 살고 있'는 것이다. 거대한 운명의 수레바퀴 아래서 인간이 할 수 있는 것이 뭐가 있겠는가. '지금, 여기'에 충실하며 겸손 하게 하루하루를 살아갈 뿐이다.

세상에
이런 책이 있구나!

고교 시절 나에게 많은 영향을 준 선배가 있다. 서울대 섬유공학과 출신으로 데이콤 사장을 지낸 A라는 선배다. YMCA 활동 중에 만난 A 선배는 굉장히 머리가 비상한 사람이었다. 기라성 같은 YMCA 선배들 중에서도 단연 돋보였다. 아마 학교에서도 무슨 간부를 지냈던 걸로 기억난다. 언변도 좋고 리더십이 있는 분이라, 그 선배를 따라다니며 배우는 것도 많았다. 매사에 적극적이고 후배들을 잘 이끄는 그의 모습을 보며 은연중에 나의 롤모델로 생각했던 것이 아닌가도 싶다.

고등학교 2학년 때의 일이다. A 선배 아버님이 돌아가셨다는 비보를 전해 듣고 친구들과 그 집에 문상을 간 적이 있다. 상가喪家 분위기에 휩쓸렸던지 선배들이 권했던지, 하여간 그날은 친구들과 술을 좀 마셨던 기억이 난다. 밤늦도록 이런저런 이야기를 나누다가 그 집에서 잠을 잤다. 통금이 있던 시절이었다.

다음날 아침 일찍 그 집을 나서는데, A 선배가 책을 한 권 내밀었다.

"이 책 한 번 읽어봐라. 도움이 될 거다."

그 책이 바로 데일 카네기의 〈우정이 트이는 길〉이었다. 얼결에 받아 온 그 책이, 이후 나의 대인관계를 형성하는 평생의 지침서가 될 줄은 그때는 상상도 하지 못했다. 집에 돌아와 그 책을 한 장 한 장 읽어 내려가면서 나는 입을 다물 수가 없었다.

'꿀을 얻으려면 벌통을 걷어차지 말라', '칭찬에는 밑천이 필요 없다', '상대방의 눈으로 세상을 바라보라', '자신의 실수를 먼저 이야기하라' 등 주옥같은 명언들이 책장마다 가득했다. 학교에서는 가르쳐주지 않지만, 지혜롭고 원만하게 세상을 살아가기 위해서 꼭 알아야 할 내용들이었다.

'야, 세상에 이런 책이 있구나!'

이 놀라운 책의 원제는 〈친구를 얻고 사람을 움직이는 방법How to Win Friends and Influence People〉으로, 출간 당시부터 전 세계 많은 독자들의 사랑을 받았고 지금까지 〈데일 카네기 인간관계론〉이라는 제목으로 꾸준히 판매되는 대형 스테디셀러다. 그러나 고등학생인 내가 이 책의 명성을 알 리 없었다. 나는 난생처음 접하는 신세계에 매혹되어 책 내용을 전부 외우다시피 한동안 이 책에 빠져 지냈다.

그렇게 시작된 휴먼 릴레이션십Human relationship, 인간관계에 대한 나의 관심과 노력은 의사가 된 후에도 꾸준히 지속되었다. 사람에 대한 깊은 관심과 두터운 정은 타고난 나의 성품이기도 했다. '의사가 진료 잘하고 수술 잘하면 됐지, 무슨 처세가 필요하고 릴레이션십이 필요한가' 하고 생각하는 분도 있겠지만, 의사의 세계도 사람이 사는 곳이다.

따지고 보면, 의사는 보통 사람들보다 더 많은 사람을 만나고 부대껴야 하는 직업이다. 새벽부터 늦은 밤까지 수많은 환자를 만나고, 보호자를 만나고, 동료의사를 만나고, 간호사를 만난다. 특히나 외과는 릴레이션십이 더욱 필요한 곳이다. 외과의 일이란 것이 팀워크로 돌아가는 것이기 때문에 평소에 좋은 관계를 맺어 놓는 것이 대단히 중요하다. 수술도 혼자 하는 것이 아니라 두세 명이 팀을 이뤄 진행된다. 다른 병의원에서 환자를 리퍼^{refer} 받는 경우도 많다. 혼자만 잘한다고 해서 되는 게 아니란 얘기다.

인간의 모든 희로애락은 관계에서 비롯되고 관계에서 끝난다. 인간관계는 인생의 처음이자 끝이다. 부모와 자식, 스승과 제자, 선배와 후배……. 그 관계가 얼마나 진실하고 충실하냐에 따라 우리 인생의 내용이 결정된다고 해도 과언이 아니다. 부모님과 스승들께 나는 얼마나 좋은 자식이고 제자였을까. 솔직히 자신이 없다. 돌아보면 부끄럽고 모자란 일투성이다.

그나마 후배들한테는 조금 낯이 선다. 내리사랑이라고, 내가 가진 노력과 정성을 밑의 후배들과 제자들에게만 쏟아온 탓이다. 시간이 지나고 나이가 들면 저절로 되는 '선배'가 아니라 마음으로 따를 수 있는 진정한 인생의 선배가 되기 위해 그래도 내 나름으로는 부단히 노력하였다.

A 선배는 퇴임 후에도 쉬지 않고 자신의 주 전공을 살려 CEO 코칭을 하고 있다. 아마 그쪽 분야에서는 대단한 명강사로 이름을 날리고 있는 모양이다.

지금도 A 선배를 만나면 그 시절 그가 건네준 한 권의 책을 떠올리며 이렇게 인사를 올리곤 한다.

> "형님, 감사합니다. 형님 덕분에 제가 이만큼이라도 선배노릇하며 살고 있습니다."

보고 싶은
J형

우리나라 사람들은 완벽한 영어를 구사하기 전에는 외국인과 영어로 대화하려 하지 않는다. 많은 시간과 비용을 지불하여 끊임없이 영어를 공부하면서도 정작 외국인과 영어로 대화하는 상황에 대해서는 두려움을 가지고 있는 것이다.

두려움을 떨쳐내야 영어도 는다. 내가 제자들에게 늘 하는 말이 '실수를 두려워하지 말라'는 것이다. 영어뿐 아니라 중국어, 일어, 불어 다 마찬가지다. 부단히 실전에 부딪히고, 외국인들과 대화할 기회를 찾아야 한다. 외국 여행을 가도 한인타운에만 머물러선 안 된다. 외국어로 대화하지 않으면 안 되는 환경을 만들어야 한다. 요즘 같은 글로벌 시대에 커뮤니케이션 능력은 광범위한 인맥과 상호 이익이 되는 관계 형성을 가능케 하는 가장 효과적인 길이다.

영어에 관한 한 나는 운이 좋은 편이었다. 좀 배웠다는 사람들도 피해 가기 어렵다는 '영어울렁증'이라는 것을 크게 겪어 보지 않았으니 말이다. 학창 시절에 영어를 유난히 잘했다거나, 발음이 좋았다는 얘기가 아니다. 영어에 대한 두려움이 상대적으로 적었다는 얘기다.

영어 이야기가 나올 때마다 생각나는 사람이 있다. 미국에 가신 뒤로 자주 뵙지 못했지만, 한때는 내가 'J형'이라 부르며 많이 따랐던 J형님이다. 지금은 '토마스 J'라는 이름으로 개명했다고 들었다.

내가 J형을 만난 것은 경복고 1학년 때다. 유도를 좀 배우겠다고 서울시청 앞에 있는 중앙도장을 다녔다. 중앙도장은 일제강점기 때부터 우리나라 유도의 본산으로, 유도대학이 본래 거기에 있었다. 한 일 년 넘게 유도를 배웠는데, 유도를 계속할까 말까 고민한 적이 있을 정도로 체격도 좋아지고 실력도 제법 붙었다.

학교에서 공부만 하던 순진한 고등학생이 도장에 나와 혼자 열심히 운동을 하는 모습이 대견해 보였던 것일까. 언젠가부터 J형이 살갑게 말을 걸었다. 나 역시 나와는 다른 세계를 가진 그에게 호기심을 느꼈던 것 같다.

그때 그는 고등학교를 졸업하고 미 8군을 다니면서 미군들에게 유도를 가르치고 있었다. 아마 가정형편이 여의치 않아 스스로 돈을 벌지 않으면 대학 진학이 어려운 상황인 것 같았다. 어느 날 그는 조수가 필요하다며 영어도 배울 겸 자기를 따라다니지 않겠냐고 물었다. 유도사범 혼자서 많은 사람들을 가르친다는 것이 쉽지는 않았던 모양이었다. 나는 흔쾌히 그의 제안에 응했다.

그는 조수가 해야 될 일을 몇 가지 가르쳐준 뒤 나를 자신이 일하는 곳으로 데리고 갔다. 그것은 매우 새롭고 특별한 경험이었다. 미군부대에서 자연스럽게 미국인들을 접하면서 영어도 많이 늘었을 뿐만 아니라 무엇보다 외국인에 대한 두려움이 사라졌다.

J형과도 더욱 가까워졌다. 내 위로 누나 하나뿐이라 그런지, 남자다우면서

도 포용력 있는 그가 마치 친형처럼 든든하게 느껴졌다. 일이 끝나면 그는 으레 밥을 사주었고, 때로는 방산시장 근처에 있는 그의 집에 데리고 가기도 했다. 드럼 치는 그의 동생과 회사원인 그의 형과도 허물없이 지내게 됐다.

동생이 드럼을 해서인지 J형은 이동우 같은 뮤지션들을 많이 알았다. 음악 하는 친구들끼리 갈등이 있거나 어려운 일이 생기면 꼭 불러다 술 한 잔 사주며 다독거리던 그의 모습이 엊그제 일처럼 생생하다. 자기 살기도 바쁘면서 두루 주변을 챙기는 모습이 인상적이었다.

내가 대학에 진학한 뒤에도 J형과는 계속 친분을 유지했다. 그는 시간이 나면 나를 불러내서 밥을 사주곤 했는데, 결국은 미국 여성과 결혼해서 미국으로 떠났다. '토마스 J'로 개명한 그는 어렵게 메릴랜드 대학을 졸업했다고 한다. 미국에 간 뒤에도 그는 나를 잊지 않고 종종 연락해서 안부를 물었고, 가끔 한국에 들어오면 꼭 시간을 내서 나를 찾아오곤 했다. 의대 교수가 된 나를 그가 얼마나 자랑스러워했던가.

그렇게 내게 정성을 쏟던 J형님의 소식이 끊어진 지도 몇 년이 지났다. 내가 무심한 탓이다. 바위 같은 듬직함으로 내 곁을 지켜주던 형, 영어에 대한 자신감을 갖게 해준 고마운 형에게 바쁘다는 핑계로 연락 한번 제대로 하지 않았으니 입이 열 개라도 할 말이 없다. 이 지면을 통해서라도 형을 그리워하는 나의 마음이 전해지길 바랄 뿐이다.

1972년 대관령에서 지귀준 형과 함께. 사진만 봐도 아련하다.
보고싶은 지형... 이때 기억나요?

네가 하고 싶은 것을 하라

　　　　　　　　레지던트를 마치고 경희대 교수로 가기 얼마 전의 일이다. 소아외과 K 교수님이 뜻밖의 제안을 하셨다. 소아외과 전임의^{fellow}를 하라는 것이었다.

　"소아외과에서 2년 펠로우 하고, 한 2년 미국에 다녀오면 뭐 되지 않겠어?"

　'뭐 되지 않겠냐'는 건 교수 자리가 나지 않겠냐는 의미였다. 물론 그건 나의 바람일 뿐 교수님이라고 해서 인사 문제를 장담할 수 있는 건 아니었다. 게다가 이미 나는 경희대에 가기로 이야기가 된 상황이었다. 그러나 평소 나를 눈여겨보시고 조언도 많이 해 주셨던 분의 제안인지라 고민하지 않을 수가 없었다.

　K 교수님은 70년대 후반에 어린이 외과환자만을 보겠다고 선언하고 남들이 가지 않는 길을 걸어간 한국 소아외과의 선구자였다. 당시만 해도 어린이 환자와 성인 환자를 구분하지 않고 치료할 때라 K 교수님이 서울대 병원에

소아외과 간판을 달고 어린이 환자를 독립적으로 진료하기 시작하자 상당한 화제가 되었다. 그밖에도 K 교수님은 '촌지 없는 병원 만들기' 운동을 하는 등 의료계 풍토와 병원 환경을 개선하는 데도 많은 노력을 기울여 개인적으로도 많은 영향을 받은 분이었다.

"3일만 생각할 시간을 주십시오."

그날 밤 집으로 돌아온 나는 깊은 고민에 빠졌다. 내 앞에는 경희대 교수가 되는 길과 서울대 의대 소아외과 펠로우라는 새로운 길이 놓여 있었다. 두 가지 길을 벽에 써 붙여놓고 밤새 고심에 고심을 거듭했다. 무엇을 선택해야 할 것인가. 경희대 교수가 되는 길은 이미 확정된 길이고, 본래 내가 하고 싶었던 외과 의사의 상과도 부합되는 길이었다. 그 무렵 나는 간 이식, 신장 이식 같은 분야에 큰 매력을 느끼고 있었다.

소아외과 펠로우가 되는 길은 서울대에서 존경하는 교수님과 함께 할 수 있다는 큰 장점이 있었다. 물론 보직스태프이 보장된 길은 아니었다. 그보다 더 큰 문제는 소아외과가 과연 나와 맞겠느냐는 것이었다. 어린애를 대상으로 하는 과기 때문에 나같은 사람보다는 좀 더 세심하고 여성스러운 사람이 낫지 않을까 싶었다.

다음날, 내과에서 갑상선 하시는 선생님과 외과 선생님, 그리고 내 한 해 선배를 차례로 찾아가 조언을 구했다.

"제가 지금 이런 상황인데 어쩌면 좋겠습니까."

1987년 경희대학교 교수로 임용된 후 첫 야유회

세 사람의 공통된 의견은 '원래 하고 싶었던 걸 하라'는 것이었다.

"네 성격에 소아외과보다는 외과가 낫지 않겠어? 그리고 무엇보다 어떤 선택을 할 때는 네 자신이 기준이 돼야 돼. 네가 중요한 거야. 원래 하고 싶은 걸 해야지."

3일째 되는 날, 나는 K 교수님을 찾아뵙고 경희대로 가겠노라 말씀드렸다. 물론 저간의 내 사정과 고민의 내용도 허심탄회하게 털어놓았다. 교수님은 빙긋이 웃으며 고개를 끄덕였다.

"그래, 좋아. 내가 보기엔 경희대 가는 것도 괜찮아. 근데 말이야. 어디를 가든 항상 남이 안 하는 걸 해야 돼. 새로운 분야, 낯선 분야에 관심을 가지라고."

K 교수님은 이후에도 나를 볼 때마다 '남이 안 하는 걸 하라'는 말씀을 하셨고, 그것은 내 삶 전체를 일관되게 관통하는 핵심적인 메시지가 되었다.

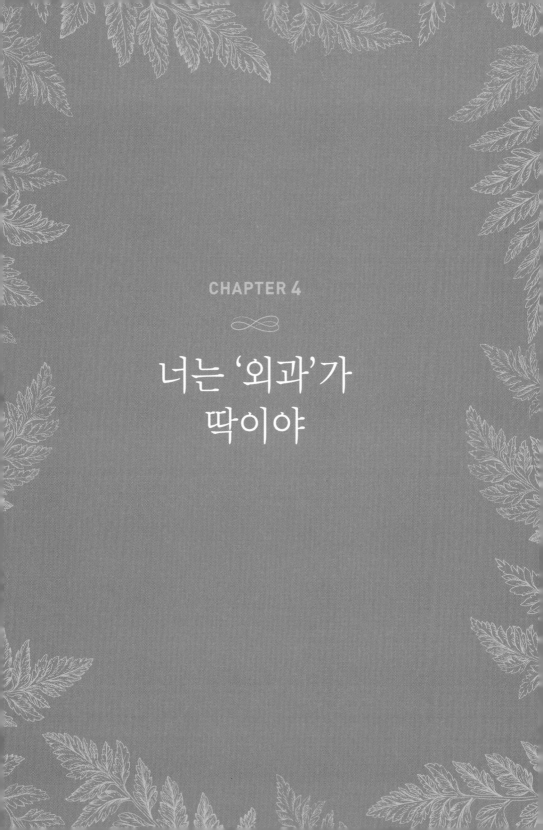

CHAPTER 4

너는 '외과'가
딱이야

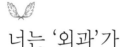

너는 '외과'가
딱이야

나는 인턴 생활을 서울적십자병원에서 했다. 본과 때 성적도 안 좋은 데다가 군 제대 후 미국 가는 케이스를 알아보느라 시간이 지체돼서 남들보다 조금 늦게 시작했다. 인턴들의 가장 큰 관심사는 '무슨 과를 해야 되느냐' 하는 것이었다.

나는 산부인과와 외과, 이비인후과 세 가지를 놓고 고민을 했다. 사실 처음에는 산부인과를 하고 싶었다. 지금은 우리나라 출산율이 세계에서 제일 낮지만 그때만 해도 출산율이 상당히 높아서 산부인과가 제법 인기가 있었다. 그러나 내 친구들은 특히 흉부외과 K교수는 한결같이 말했다.

"야, 네 성격에 무슨 산부인과냐? 산부인과는 좀 여성스럽고 세심한 성격을 가진 사람들이 맞지, 너하고는 안 맞아. 외과를 가라. 너는 체격도 있고 성격도 화끈하고 머리 팍팍 돌고 그러니까 수술하는 것도 잘할 거야. 넌 외과가 딱이야!"

그 말이 맞다 싶어 외과 쪽으로 눈을 돌렸으나 T.O가 없었다. 내가 가고 싶다고 해서 무조건 받아주는 게 아니라 T.O가 있어야 했고 조건도 맞아야 했다. 과를 정하는 것도 '경쟁'이기 때문이었다.

'그럼 어디로 가야 하나?'

한참을 고민하고 있는데 때마침 외과에 군대 갔다 온 T.O가 하나 났다는 소식이 들렸다. 거기 들어가기로 한 친구가 무슨 하자가 있었는지 못 들어가게 된 모양이었다. 덕분에 내가 그 자리에 들어갈 수 있었다. 운이 좋았다.

그런데 문제는 그 다음이었다. 막상 외과에 들어가니 공부 잘하는 친구들이 잔뜩 모여 있었다. 학생때 공부를 안 한 데다가 군대까지 다녀온 나는 그 친구들 따라가느라고 꽤나 고생했다. 아마 의대 시절에 하지 못했던 공부를 그때 몰아서 하지 않았나 싶다.

정신없이 바쁜 레지던트 생활이었지만, 조금이라도 짬이 나면 책을 들여다보며 공부에 열을 올렸다. 몸은 고됐지만 즐거운 나날이었다. 친구들 말이 맞았다. 외과는 활동적이고 적극적인 기질의 내게 딱 맞는 분야였다. 공부를 하면 할수록 외과가 그렇게 재밌을 수가 없었다. 수술에 대한 거부감이나 두려움도 없었고, 환자 보는 일도 즐거웠다.

아마 지금 레지던트들도 비슷할 거라 생각되는데, 레지던트때는 의사로서 뭘 좀 알아가기 시작하는 시기라 그런지 교수들이 하는 일에 대해 이런저런 불만들이 많다. 그런 불만들이 단순한 불만에 그치지 않으려면 치열하게 공부하는 수밖에 없다. 열심히 공부하노라면 책에서 교수들이 잘못 가르쳐준 내용을 발견하기도 하고, 환자를 보다가 새로운 깨달음을 얻기도 한다.

레지던트 1년차 때는 한 달 동안 병원에서 먹고 자면서 환자를 본 적이 있다. 특실에 있다가 다인용으로 온 임모라는 환자였는데, 검사 중에 십이지장 천공이 돼서 사경을 헤매게 된 것이다. 나는 수시로 환자의 상태를 체크하며 주의 깊게 지켜보았다. 예기지 않게 생사의 기로에 놓인 그 환자에 대한 연민이 컸었던 것 같다.

그러다 보니 자연히 중환자 관리에 대한 관심이 높아져서 이런저런 책을 뒤적이며 공부도 많이 했다. 몇 날 며칠 집에도 안 가고 중환자실에만 있으니 환자 보호자들도 의논할 일이 있으면 제일 먼저 나를 찾게 되었다.

환자는 결국 두 달 만에 세상을 떠났다. 정말 안타까운 일이었다. 그렇게 허망하게 죽을 이유가 하나도 없는 사람이었다. 지금과 같은 의료수준이라면 그렇게 죽지는 않았을 것이다. 환자가 세상을 떠난 뒤 그의 보호자였던 아들과 딸이 우리 집을 찾아온 적이 있다. 그들은 '헌신적으로 환자를 돌봐줘서 고맙다'며 몇 번이고 내게 머리를 조아렸다.

얼마 후 나는 〈중환자 관리〉에 대한 논문을 발표했다. 중환자실에서 환자를 돌보면서 나름대로 연구한 것을 정리한 것이었다. 레지던트가 자기 이름으로 논문을 내는 것은 흔치 않은 일이라 교수님들께 칭찬을 받았던 기억이 난다. 이때의 목마름이 후에 미국 교과서 『Surgical Critical Care』의 한 chapter[19]를 쓰는 계기가 되었다.

레지던트 시절에 얻은 중요한 깨달음이 있다. 환자들을 볼 때는 전체적인 것을 보는 것도 중요하지만 작고 사소한 부분도 놓치지 않고 꼼꼼하고 세심

1996년 미국 연수기간 지도교수로서 인생의 큰 길잡이가 되어준
하버드 의과대학 Dr. Demling과 함께.
이 기간 동안 SCI 논문을 17편 쓸 수 있었던 것은
훌륭한 지도교수와 좋은 동료들 때문이었다.

하게 봐야 한다는 것이다. 작고 사소한 것처럼 보이는 것이 훗날 환자의 운명을 좌우할 수도 있기 때문이다. 반대로 너무 지엽적이고 작은 것에만 신경을 쓰다 보면 전체를 다 잃어버릴 수가 있다. 그래서 의사는 항상 냉철하면서도 조화롭게 전체와 부분, 중심과 말단의 균형을 지켜나가야 한다.

공부는
경쟁이다

　　　　　　　제자들을 가르칠 때 나는 선의의 경쟁을 시키는 편이다. 레지던트 3년차가 되면 레지던트 1년차, 2년차, 4년차와 스텝들 앞에서 발표를 하게 돼 있다. 발표가 끝나면 매의 발톱처럼 날카로운, 즉 기본적인 질문을 쏟아낸다.

　　　'그건 왜 그렇게 되는가? 이유는 무엇이라고 생각하는가?……'

　　　교수의 매서운 질문 앞에서 3년차들은 주눅이 들게 돼 있다. 식은땀을 흘리며 답변을 하다 버벅거리는 순간이 온다. 그때를 놓치지 않고 레지던트 2년차 중에 제법 똘똘한 친구를 골라 질문을 던진다.

　　　'김 선생, 어떻게 생각해?'
　　　'네, 그 이유는 ○○○ 때문입니다.'

상황이 이쯤 되면 더 이상 훈계할 필요도 없다. 2년차도 아는 걸 당신은 왜 모르냐고 추궁할 필요도 없다. 무너진 자존심과 굴욕감으로 인해 발표자의 얼굴은 이미 시뻘겋게 달아올라 있다. 그렇게 공개적으로 망신을 주는 것은 인격 모독이 아니냐고 반문하는 사람이 있을지도 모르겠다. 그러나 그것은 의대의 교육 시스템을 모르고들 하는 소리다.

의과대학의 공부란 필연적으로 경쟁일 수밖에 없다. 의과대학이 전국에서 난다 긴다 하는 상위 0.1％의 수재들이 모인 집단이지만, 여기에 들어왔다고 끝이 아니다. 예과 2년, 본과 4년, 인턴 1년, 레지던트 4년……. 십수 년에 걸친 고난에 찬 수련 과정이 그를 기다리고 있다. 모든 것은 상대평가다. 백점 맞은 사람이 1등이 아니라 시험을 제일 잘 본 사람이 1등이 된다. 그리고 상위 80퍼센트를 제외한 나머지는 무조건 D다. 공부를 안 하려야 안 할 수가 없는 것이다.

사실 의대 교육은 책을 통한 지식 습득이 전부가 아니다. 제대로 된 의사가 되기 위해서는 교과서적 지식뿐 아니라 새로운 지식을 만들어내는 창의력과 연구 능력, 보건의료 영역에서 필요한 정책 개발 능력, 학생들을 가르칠 수 있는 강의 능력, 환자와 정서적인 유대를 나눌 수 있는 공감 능력, 행정 능력 등 다양한 능력이 요구된다.

그런데 현실은 어떠한가. 창의성이란 다양한 경험과 폭넓은 사고 속에서 나오는 것인데, 우리나라의 교육은 책상에 앉아 공부하는 것밖에 모르는 학생들을 양산하고 있다. 그 점에서는 의대에 들어온 학생들도 크게 다를 게 없다. 그런 학생들을 의사로 길러내려면 하드 트레이닝밖에는 방법이 없다. 끊임없이 실전에 부딪치게 하고 동기 및 선후배들과의 경쟁 속에서 깨지고 부서

지면서 성장하도록 하는 것이다.

요즘 의사 사회를 바라보는 사람들의 시선이 곱지만은 않다. 메디컬드라마에서 묘사되는 의사의 모습에도 사람들의 그런 부정적인 인식이 적잖이 반영돼 있다. 잊을 만하면 한 번씩 터지는 폭행 논란에, 어쩌면 일반인들은 의사 사회를 폭력으로 얼룩진 곳으로 생각할지도 모르겠다. 대한민국 의사의 한 사람으로서 착잡한 마음 금할 수 없다. 의사 사회를 마치 상명하복의 위계질서를 가진 군 조직처럼 묘사하는 일부 언론의 과장보도에는 저항감이 일기도 한다.

아무리 문제점을 지적해도 개선되지 않고, 의사로서의 자질이 부족하다고 판단되는 사람을 수련 과정에서 탈락시킬 수 있다면 언어폭력이나 인격모독 같은 상황의 상당부분은 없어질 거라고 생각한다. 미국에는 부적격자를 탈락시킬 수 있는 제도가 있다. 그러나 우리나라 의대에는 잘라낼 방법이 없다. 어떻게든 공부를 시켜 의사로 만들어내야 한다.

레지던트들 중에는 똑똑하고 센스 있는 사람들이 많지만, 어처구니없는 실수를 4년간 반복하는 사람도 있다. 그런 사람은 간단한 일 하나를 시켜도 표가 난다. 이런 사람에게 환자를 맡길 수 있겠는가. 경쟁심을 자극하고 때로 모욕을 줘서라도 긴장하게 하는 수밖에 없다.

'다른 선생들은 다 해오는데 왜 당신은 못해?'

아예 대놓고 모욕을 주는 것이다. 그러면 그는 굴욕을 만회하기 위해 밤

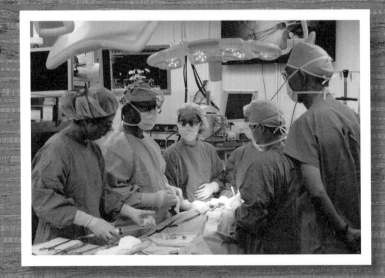

언제 날아올지 모르는 질문.
항상 준비된 사람이 되어야 한다.

서울대학교 외과 과장 시절.
놀 때는 확실하게 놀고 일할 때는 또 확실하게. 외과 가족들과 함께한 야유회

을 새워 일을 해놓는다. 그런 일이 반복되면서 실수도 줄고, 의사로서의 능력이 쌓이게 되는 것이다.

　의대 시절부터 그렇게 혹독한 트레이닝 과정을 거친 사람은 뭐가 달라도 다르다. 서울대병원에 레지던트로 오는 사람들 중에는 서울대 의대 출신도 있고 서울대 의학전문대학원을 나온 타 대학 출신들도 있다. 오해를 무릅쓰고 한마디 하자면, 서울대 의대 출신들이 확실히 다르다. '서울대'라서 낫다는 게 아니다. 의대 시절부터 그 힘든 트레이닝 과정을 이겨내며 치열한 경쟁 속에서 단련되고, 의사로서의 자질도 그만큼 성장했기 때문이다.

작은 의리를
소중히 하라

레지던트 2년차가 되면 '무의촌 진료'라고 해서 6개월 동안 파견근무를 해야 한다. 무의촌이나 도서島嶼지역에 전공의를 파견하여 주민들에게 의료의 혜택을 주는 의미 있는 일이었다.

내가 파견근무를 한 곳은 제주도 서귀포도립병원이었다. 비행기를 타고 가야 하는 먼 곳이라 다들 파견 나가기를 꺼리는 곳이었다. 레지던트들이 '죽어도' 가기 싫어하는 우리나라의 최남단 서귀포에 가게 된 데는 사연이 있다.

사실 나는 장인어른과 자형이 힘을 써서 서울과 가까운 춘천에 가기로 사전에 이야기가 다 된 상태였다. 그런데 때마침 한 친구가 자기도 춘천으로 갔으면 좋겠다고 간곡히 부탁을 하는 것이었다. 입주 아르바이트를 해서라도 따로 돈을 벌어야 할 상황인데, 춘천에서는 그게 가능할 것 같다는 얘기였다. 듣고 보니 사정이 딱했다. 그런 일에는 좌고우면左顧右眄하는 성격이 아니라 흔쾌히 고개를 끄덕였다.

"그래? 그럼 네가 그리 가라. 보사부에 말씀드려 놓을 테니 갈 준비나 해."

산부인과 이승철 선생과 아이를 업고 한라산 정복.
오래된 포도주처럼 알고 지내면 지낼수록 좋은 친구.

"윤 선생은 어떡하고?"

"나중에 내가 따로 힘쓰면 돼지."

그러나 상황은 내 예상대로 흘러가지 않았다. 강원도에서는 난색을 표하며 말했다.

"둘까지는 곤란해. 그 친구 사정은 딱하지만 그냥 너만 내려와."

"저만 내려오라고요?"

그건 안 될 말이었다. 친구지간에 어찌 한 입으로 두 말을 하겠는가. 나도 가정이 있는 사람이지만 그 친구보다는 그래도 내가 사정이 낫지 않겠는가. 나는 두 말 없이 서귀포로 가겠다고 마음먹었다. 사정을 알게 된 친구들은 혀를 차며 말했다.

> "야, 양보할 걸 양보해야지. 너 서귀포에 가면 6개월 동안 집에도 맘대로 못
> 와. 월급 받아가지고 비행기표 사는 데 다 쓸래? 그 먼 데서 서울 왔다 갔다
> 하는 데 걸리는 시간은 또 어떡하구?"
> "그만들 해. 다 끝난 얘기를 왜 자꾸 꺼내?"
> "하여간 의리 하나는 끝내주는 놈이라니까!"

그러나 작은 의리를 소중히 하는 마음은 더 큰 의리를 불러오는 법이다.
내가 서귀포에 내려간 지 얼마 안 돼 집안에 큰 우환이 생겼다. 학회 참석차 미
국에 다녀오신 아버지의 병세가 심상치 않았던 것이다. 부랴부랴 서울대 병원
에 입원시켜 검사를 해 보니 간암이었다. 환갑도 안 된 아버지가 간암이라니!
정말 '하늘이 노랗다'는 말이 실감나는 순간이었다.

나는 매주 토요일 근무가 끝나는 대로 서울에 올라와 아버지의 병상을 지
켰다. 그때 많은 도움을 준 사람이 바로 함께 파견근무를 했던 산부인과의 L
선생이다. 그는 심성이 무척 곱고 반듯한 친구였다. 밤이면 함께 술잔을 기울
이며 아버지가 입원한 뒤 부쩍 고민이 많아진 나를 따뜻하게 위로해 주었다.

그는 또 주말마다 서울에 가서 병수발을 하려면 비용이 많이 들 거라며 한
라병원에서 야간 당직을 서는 문 나이트 잡moon night job을 소개해 주었다. 그 외
에도 그때 크게 신세를 지면서 우리 두 사람은 더욱 가까워졌다. 우리 둘이 친
하다 보니 부부 동반 모임도 자주 가졌는데, L 선생 부인도 영국에서 공부한
매우 똑똑하고 훌륭한 여성이었다. 이 지면을 빌어 그분들께 다시 한 번 감사
한 마음을 전하고 싶다. 아직도 우리 부부는 진심으로 존경하고 있다.

국소마취로
맹장수술을 하다

　　　　　　　내가 파견 나간 병원의 정식 명칭은 제주도립서
귀포병원이었다. 그 병원에 상주하는 의사는 경북의대를 나와 예방의학을
하시는 S 원장님 한 분밖에 없었다. 성품이 무던하고 인자하기가 부처님 가운
데토막 같은 분이었다.

　나머지 내과나 외과, 산부인과, 소아과는 다 우리처럼 대학에서 파견 나온
레지던트들이 맡아서 했다. 각자 전공에 따라 담당 과장이 정해지는데 K 선생
이 내과, L 선생이 산부인과, Y 선생이 소아과, 그리고 내가 외과를 맡았다.

　수시로 들이닥치는 환자들을 진료하느라 힘은 들었지만 보람 있는 시간
이었다. 수술도 원 없이 했다. 대학병원에 있을 때는 교수님들과 여러 선생님
들이 계시니 직접 수술을 집도할 기회가 많지 않다. 해봤자 맹장수술이나 포
경수술 정도지 큰 수술을 한 경험이 별로 없었다.

　하지만, 제주도에서는 상황이 달랐다. 명색이 외과과장이고, 또 누가 대신
해 줄 사람도 없으니 모르는 건 책을 뒤져가면서라도 직접 집도를 해야 했다.
어쨌거나 레지던트들에게는 수술 경험을 쌓을 수 있는 좋은 기회였다. 도립

병원이라 그런지 하루도 조용히 넘어가는 날이 없을 정도로 환자가 많았다. 싸움이 나서 누군가 칼에 찔려 오면 그 자리에서 수술을 해야 했다.

바쁜 건 다른 과들도 마찬가지였다. 어느 날 심장마비 환자가 왔는데, 서귀포 앞바다에서 잠수를 하던 민간잠수사라고 했다. 심장이 안 뛰는 환자를 K 내과과장이 밤새도록 심장 마사지를 해서 살렸다. K 선생은 옛날에 산에 같이 다녔던 친구로, 환자 보는 데도 아주 열심이었다. 나중에 그 환자가 파킨슨이 왔는지 정확한 기억은 안 나는데 하여간 한 이틀 있다가 서울대 병원으로 공수해 왔다.

그때 나도 동행하면서 배운 것이 하나 있다. 환자를 비행기로 이송할 때는 좌석 아홉 개를 예약해야 된다는 것이다. 그 정도 공간이 확보돼야 환자를 눕히고, 동행한 의사들이 좌우로 앉을 수가 있다. 그 당시 그 환자에게 심장마비가 온 게 열세 번은 됐었던 것 같다. K 선생은 그때마다 지극정성으로 심장 마사지를 해서 결국은 살려 내었다.

K 선생뿐 아니라 우리 모두가 열심이었다. 하루 일과를 마치고 나면 술 한 잔씩 하면서 환자에 대해 토론하고, 새로운 치료법이나 의학정보를 나누곤 했다. 우리는 젊었고, 패기만만했으며, 불같은 열정과 도전의식으로 똘똘 뭉쳐 있었다.

어느 날 밤 맹장수술 환자가 병원에 실려 왔다. 당시 도립병원에는 정식 마취과 의사가 없고, 외부에 의뢰하여 오는 마취를 담당하는 남자간호사뿐이었다. 맹장수술에 앞서 간호사에게 척추마취를 지시했다. 그런데 뭐가 잘못됐는지 하지 마취가 안 되는 것이었다. 분명 마취제는 들어가긴 들어갔는데 마

제주도 천지연 폭포 앞에서.
강익원, 이승철 가족과 함께

취가 안 올라오니 실로 난감한 일이었다.

척추마취란 건 두 번은 위험해서 못하는 것이었다. 그 상황에서 수술을 하려면 전신마취를 하는 수밖에 없었다. 그런데 일이 안 되려고 그랬는지 그 환자는 천식이 심한 사람이었다.

"과장님, 어떡해요? 저는 위험해서 도저히 못하겠어요."

나는 런다운rundown에 걸린 야구 주자走者처럼 이러지도 저러지도 못하고 울먹이는 간호사를 망연히 바라보았다. 마취과 의사를 부르고 싶어도 그 밤

중에 어디서 부르겠는가. 환자는 맹장이지, 척추마취를 해서 움직이지도 못하지, 마취는 올라오지 않지 그야말로 미칠 지경이었다. 그때 번개처럼 머리를 스치는 생각이 있었다.

"그래, 국소마취로 하자!"
"맹장수술을요?"
"다른 방법이 없잖아. 가서 L 선생님 좀 오시라고 해."

새파란 레지던트 2년차가 국소마취로 맹장수술을 할 생각을 했으니, 무슨 배짱이었는지 모르겠다. 나는 산부인과 L 선생의 도움을 받아 가며 국소마취만으로 맹장수술을 실시했다. 국소마취에 대해서는 그때 통달을 하다시피 했다.

아마 우리나라에서 국소마취로 맹장수술을 해 본 사람은 별로 없을 것이다. 언젠가 의사들이 모인 자리에서 국소마취로 맹장수술 해봤다고 하니까 아무도 믿는 사람이 없었다. 그만큼 드문 일이다. 한의사가 침으로 마취했다는 얘기도 있지만 나는 그 말을 믿지 않는다. 나중에 경희대 교수로 갔을 때 환자가 엄청나게 아파했다는 말을 들은 적도 있다.

하여간에 무사히 맹장수술을 마치고 수술장을 나서니 새벽이 다 된 시각이었다. L 선생이나 나나, 둘 다 어찌나 긴장을 했던지 온 몸이 땀에 흠뻑 젖어 있었다. 그날 새벽 잠들기 전에 L 선생과 나눠 마신 소주 한 잔의 짜릿한 맛을 지금도 잊을 수 없다.

오리지널을
봐라

레지던트 4년차가 되니 이듬해 1월에 있을 전문의 시험을 의식하지 않을 수 없었다. 어떤 식으로든 대비를 해야 했다. 어쩌면 이것이 의사로서 평생의 마지막 공부일지도 모른다는 생각이 들었다. 그해 5월, 나는 8명의 외과 치프chief들에게 한 가지 제안을 했다. 매주 토요일 1시부터 3시까지 함께 공부를 하자는 것이었다. 다들 본과 때부터 착실히 공부해 온 우수한 친구들이라 시험공부가 급한 쪽은 그 친구들이 아니라 바로 나였다.

우리는 함께 공부할 미국 원서를 정한 뒤 돌아가면서 공부를 했다. 그리고 매주 한 사람씩 정해진 분량을 리뷰해서 발표하기로 했다. 그렇게 공부를 해나가다 보니 8월경에는 책 한 권을 끝낼 수 있었다. 그 다음 책을 정해서 같은 방식으로 공부를 진행하는 한편 그때까지 전문의 시험에 나온 문제들을 요약 정리해서 책으로 만들어 팔기도 했다.

이때의 경험이 내게 준 교훈은 '오리지널을 봐야 한다'는 것이다. 공부하려면 제대로 해야 되고, 제대로 하려면 오리지널을 봐야 한다. 그래야 저자의 생각에 최대한 접근할 수 있고 진정한 자기 실력을 키워 갈 수 있다. 책을 통한 공부란 저자와의 치열한 대화과정이기 때문이다.

제자들에게도 나는 '절대 한국어로 번역된 책을 보지 말고 원서를 보라'고 충고한다. 특히, 내가 공부하던 때는 지금처럼 전공이 제대로 분화되지 않아서 자기 전공도 아닌 사람이 책을 번역하는 경우가 종종 있었다. 자연히 오역誤譯이 나오기 마련이다. 그런 책으로 공부를 해봐야 실력이 나아지기는커녕 오역된 부분 때문에 점점 더 미궁에 빠지게 될 뿐이다.

가을부터는 대장항문외과, 간담췌외과, 위장관외과등 외과 내의 전문과목 별로 리뷰를 진행했다. 그런 식으로 한 바퀴 돌고나니 뭔가 머리도 묵직해진 것 같고 자신감이 붙었다. 똑똑한 친구들과 공부한 보람이 있었던 것이다.

그런데 시험 날짜가 다가올수록 시험보다는 그 이후에 무엇을 할 것인가에 더 신경이 쓰였다. 그것은 단순한 선택이 아니라 의사로서 '어떤 인생을 살 것인가'라는 내 삶의 지도를 그리는 일이었다. 돈을 벌어 인생 편하게 살고 싶다면 개업을 할 수도 있고, 큰 병원의 스텝으로 갈 수도 있다.

나는 교수가 되어 대학에서 학생들을 가르치고 싶었다. 그러나 그때만 해도 대학 교수로 가는 게 쉽지 않았다. 서울대 의대는 말할 것도 없고 다른 대학에도 자리가 많지 않았다. 지금은 의과대학이 40개 가까이 되지만 그때는 전국을 통틀어 11~12개밖에 되지 않았다.

그해 11월경의 일이다. 의과대학 동기인 Y 교수가 하는 말이, 자기는 경희대 교수로 가기로 했다는 것이다. 그의 말을 듣고 보니 경희대가 새삼 괜찮게 생각됐다. 집에서 출퇴근하기도 나쁘지 않고, 서울대 출신 교수들이 제일 많

1991년 서울대학교 외과 시절.
아울러 박귀원, 한호성 교수의 젊은 시절을 공개한다.

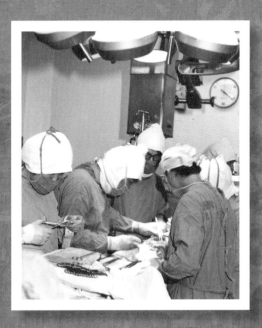

레지던트 4년차 때 박용현 교수님의 지도 하에 Whipple 수술을 처음 집도하였다.
전공의로서 큰 수술을 집도할 수 있었던 영광스러운 순간이었다.
지면을 빌어 박용현 교수님께 다시 한 번 감사의 말씀을 드린다.

은 곳도 경희대였다. 아마 그 당시 경희대 의대 교수의 60~70%가 서울대 출신이었을 것이다.

나는 경희대 의대를 직접 찾아가 서울대 의대에서 공부해 온 과정을 솔직히 밝히고, 경희대에서 일하고 싶다는 의사를 밝혔다. 그쪽에서도 나의 채용 여부를 가리기 위해 성적이나 성품 등 나에 대해 철저히 조사할 것이기 때문에 거짓말을 할 필요도 없었다. 얼마 후 경희대에서 연락이 왔다. 경희대 의대 일반외과 전임강사로 채용하겠다는 것이었다.

의사를 만드는
의사가 되라

경희대 외과에 재직했던 3년 반은 즐거운 시간이
었다. 어디를 가도 사람은 잘 사귀는 데다가 내 스타일이 확실하다 보니 교수
들이나 레지던트들과도 좋은 관계를 유지할 수 있었다. 당시 교수들과 레지
던트 간에 약간의 갈등이 있었는데 나의 중재로 원만하게 수습이 됐다. 교수
들은 교수들대로 만족스러워하고, 레지던트들은 레지던트들대로 좋아하니
시간이 갈수록 외과 분위기가 확 살아나는 게 느껴질 정도였다.

학생들에게도 제법 인기가 있었다. 치열하게 공부했던 레지던트 과정을
막 끝낸 터라, 아는 것도 많고 한창 의욕이 넘칠 때였다. 레지던트 때 교육 담
당 치프를 했기 때문에 강의에는 어느 정도 자신이 있었다. 나는 학생들에게
문제를 내서 맞히게 하는 CPC 등 다양한 강의법을 활용하였고, 요점을 확실
하게 짚어 주는 간결하면서도 파워풀한 교수법으로 학생들을 집중하게 만들
었다.

강의란 말하는 사람이 자신감이 있어야 듣는 사람도 즐겁게 그 내용에 빠
져 들어가는 법이다. 강의하는 사람이 자신 없이 말끝을 흐리면 집중력도 떨

어지고 교수에 대한 신뢰도 떨어지게 돼 있다. 나 같은 경우는 일단 말소리가 큰데다 접미사·접두사 빼고 동사·명사만 가지고 이야기하니까 듣는 사람도 알아듣기가 편했던 것 같다.

강의시간 외에 사석에서도 학생들과 잘 어울렸다. 시험이 끝나거나 한 번씩 혼을 내고 나서는 긴장도 풀어주고 어린 마음을 달랠 겸 학생들을 데리고 나가 술을 사 주곤 했다. 그렇게 인간적인 정이 쌓이다 보니 나를 경희대 출신 선배로 생각하는 학생들도 많았다.

"선생님, 저희들보다 몇 년 선배세요? 언제 졸업하셨어요?"

뭐니 뭐니 해도 가장 좋았던 것은 수술을 마음껏 할 수 있다는 점이었다. 경희대 의대에서 스텝이 된 지는 얼마 안 됐지만 간도 떼어 보고 신장이식 수술도 여러 번 했다. 갑상선, 신장, 위암, 대장암 등 내과에서 보내는 환자도 굉장히 많았다.

경희대 생활은 즐거웠고 직장으로서도 나무랄 데가 없었다. 동료 교수들과의 관계도 좋았다. 그러나 시간이 갈수록 어떤 갈증이 느껴졌다. 치열하게 공부하고 경쟁했던 레지던트 시절이 그립기도 했다. 경희대는 사립대학이라 그런지 분위기가 많이 달랐다. 물론 일부의 경우지만, 학문적인 성취보다 나가서 개업하고 돈 버는 데 더 많은 관심을 기울이는 교수들을 볼 때마다 회의적인 생각이 들기도 했다.

서울대에 있을 때는 모든 것이 경쟁이었고, 교수들과 동료 레지던트들에게 공부에 대한 자극을 많이 받았다. 교수들이나 레지던트들의 모임에 가 보면 'ㅇㅇㅇ가 무슨 논문을 발표했다더라', 'ㅇㅇㅇ가 미국연수 간다더라', 'ㅇ

○○는 이번에 책 낸다던데?' 같은 이야기가 주종을 이루고, 그런 화제들은 나의 학구열과 성취욕을 자극시키기에 충분했다.

그래서 나는 훗날 서울대에서 강의를 하게 됐을 때 본과 학생들에게 종종 이런 이야기를 했다.

> "이런 환경에서 공부할 수 있다는 것 자체를 감사하게 생각해야 돼. 나라에서 너희들한테 혜택을 주는 이유는 단지 서울대 의대가 의사를 만드는 대학이라서가 아니야. 의사를 만드는 의사로 너희들을 키우기 위해서 이런 혜택을 주는 거야. 공부하는 게 힘들다 지친다 엄살 부리지 말고, 의사를 만드는 의사가 되겠다는 분명한 자각과 책임감을 가지고 공부해야 한다. 내 말 무슨 말인지 알아? 의사 하려면 제대로 하란 소리야."

경희대에 간 지 3년이 지나면서 미국에 가야겠다는 생각이 들었다. 간이식을 배우기 위해서였다. 그때만 해도 신장이식 간이식이 한국에서 막 시작될 때였고, 특히 간이식은 우리나라에서 성공한 사례가 없었다. 미국의 여러 대학을 알아보다가 피츠버그 대학 간이식센터에 연구교수로 가기로 이야기가 될 즈음, 갑자기 서울대에서 연락이 왔다. 학교로 돌아오라는 것이었다.

1987년 서울대학교 의학박사 학위식에서.
소중하고 고마운 가족들과 함께

남이 안 하는 걸
하라

　　　　　　　그때 나를 불러들인 분이 바로 외과 K 과장님이 었다. 서울대학을 나왔지만 트레이닝을 군대에서 하고 돌아와 스텝이 된 특이한 이력의 소유자로, 굉장히 에너지가 넘치고 수술도 잘하시는 분이었다. 지금은 돌아가신 지 십 년이 지났지만, 생전에는 세계적인 위암 수술 권위자로 대단한 명성을 날렸다. 우리나라 사람으로 미국 외과학회의 명예회원이 된 유일한 분이기도 했다. 외과 K 과장님의 연락을 받고 급히 찾아뵈었더니 이런 말씀을 하셨다.

　　"윤 선생, 여기 들어와서 외상학外傷學 한번 해 볼 생각 없어?"
　　"외상학이요?"

　　외상학이란 일상에서 일어나는 가벼운 사고에서부터 전쟁, 테러와 같은 재난 상황에 대처하는 의학 분야를 말한다. 2014년 온 국민을 충격으로 몰아넣은 세월호 침몰 사고나 판교 공연장에서 있었던 환풍구 추락사고 같은 경

1987년 서울대 발령 후 연구실에서. 연구에 전력을 쏟아부었던 시절.
말을 걸어도 모를 만큼 열정적으로 연구하던 연구실

우에도 외상 환자가 다수 발생하였다. 당시 K 과장님은 1985년에 출범한 외
상외과학회 부회장으로서 외상학과 재난의학에 깊은 관심을 가지고 있었다.
과장님은 한숨을 쉬며 말씀하셨다.

"미국 같은 데서는 외상학이나 응급의학이 자리를 잡아서 귀한 생명들을
살려내고 있는데, 우리나라에서는 응급의학이나 외상학에 대한 인식이 너
무 일천해. 서울대에서 외상학이나 응급의학을 시작해 보려고 해도 외과에
서 이거 할 놈이 없는 거야. 어떻게 된 게 외상 전문의 하나가 없으니…….
그러니까 이번에 윤 선생이 와서 작품 한번 만들어 봐."

의사들이 외상학을 꺼리는 것은 돈도 안 되고 힘든 분야라는 인식 때문일 것이다. 나 역시 현실적인 문제를 고려하지 않을 수 없었다.

"그런데 교수님, 환자가…… 있겠습니까?"
"아직 응급의학과나 외상학과가 없으니까 일단 외과 교수로 들어와서 응급실을 맡아서 해 봐."

그렇게까지 말씀하시는데 거절할 도리가 없었다. 무엇보다 모교인 서울대학으로 돌아올 수 있다는 점이 강력한 매력이었다.

"네, 알겠습니다."

일단 대답은 하고 나왔지만 걱정이 태산이었다. 외상 환자라는 게 재난이라는 특별한 상황에서 발생하는 것이라, 환자가 항상 있는 게 아니었다. 설령 환자가 있다고 해도 이를 수용할 병실이 없는데 누가 서울대 병원에 오겠는가. 복귀 인사도 드릴 겸 소아외과 K 교수님을 찾아뵈었다. K 교수님은 특유의 지론을 펼치며 또 한 번 나를 격려해 주었다.

"잘 생각했어. 너한텐 아주 좋은 기회야. 역사가 왜 '최초'를 기억하는 줄 알아? 남이 안 하는 걸 시도하는 용기와 도전정신이 인류를 발전시켜 왔기 때문이야. 외상학이든 응급의학이든 남이 안 하는 걸 하라고. 새로운 도전이 너를 또 다른 사람으로 만들어 줄 거야."

아마 그때부터였을 것이다. 내가 늘 새로운 분야에 도전하는 삶을 살게 된 것은. 지금은 같은 외과의사라도 각자 전문분야가 다르지만, 그때만 해도 각 과의 분화가 그리 활발히 이루어지지 않았을 때였다. 그러나 미국 등 의료 선진국의 발전과정을 보면 우리나라도 조만간 치열한 분화 과정을 겪게 되리라는 것은 충분히 짐작할 수 있었다.

'좋아! K 교수님 말씀처럼, 남이 안 하는 거 한번 해 보자. 중국의 노신魯迅도 말하지 않았던가. 본래 땅 위에는 길이 없었다고, 한 사람이 걸어가고 걸어가는 사람이 많아지면 그것이 곧 길이 된다고…….'

CHAPTER 5

끝없는 도전

아, 삼풍!

1987년 9월, 서울대에 돌아온 나는 간 수술, 위암 수술 등을 집도하며 외과 교수로서의 소임을 다 하는 한편 수시로 응급실을 오가며 외상 환자들에 대해서도 지속적으로 관심을 기울였다. 병실이 부족해서 서울대 병원으로 오는 외상 환자가 많지는 않았지만 수술을 받기 위해 오는 경우는 더러 있었다. 나는 시간이 날 때마다 응급실 스테이션 뒤쪽에 있는 테이블에서 스텝들과 외상 환자 진료에 대한 문제라든가 응급의료시스템의 개선 방안에 대해 이야기를 나누곤 했다.

외상을 포함한 응급환자의 진료에서 가장 큰 문제는 그들을 처음부터 끝까지 일관되게 책임질 인력이 없다는 것이었다. 특히 여러 군데를 다친 다발성 외상 환자의 진료에는 여러 과의 동시 참여가 필요한데, 각 과의 전문의들이 현장에 출동할 수도 없을 뿐 아니라 종일 응급실에만 매달려 있을 수도 없는 형편이었다.

결국은 응급상황이 발생한 현장에서부터 양질의 진료를 제공하고, 응급환자가 전문적 치료를 받을 수 있을 때까지 포괄적이고 효과적인 치료를 담당할 수 있는 전문 인력과 응급의료시스템을 갖추는 수밖에 없었다.

연세대 의대와 가톨릭 의대는 우리보다 한 발 앞서 응급의학과를 개설하였지만, 국립대인 서울대 의대는 제도적인 여건이 선행되지 않는 한 새로운 학과를 개설하기가 어려웠다. 학회도 만들어야 했고, 전문의 과정도 있어야 했다.

미국에 다녀온 직후인 1992년 서울대학병원 응급처치부장으로 부임한 나는 실력 있고 성실한 레지던트, 펠로우 등 후배들을 끌어들여 응급처치부의 인력을 대폭 보강했다. 연세대 의대와 가톨릭 의대가 우리보다 먼저 응급의학을 시작했다고는 하지만 고작 2~3명의 스텝을 가지고 운영되고 있었다. 그 정도 규모로는 응급의학 본연의 역할을 감당하기 어려울 뿐 아니라 응급의학에 종사할 인재를 키워나가는 데도 한계가 있을 것이었다.

인사人事가 만사萬事! 어떤 조직이 번성하게 하려면 사람을 키워야 한다는 것이 내 지론이다. 특히 서울대병원이 우리나라에서 차지하는 비중과 상징성을 봤을 때는 더욱 그러하다. 이렇게 키워진 인재들이 훗날 다른 병원에 가서 응급의학의 싹을 틔우게 하는 것이 궁극적으로 서울대병원이 할 일이고 존재 의미이기 때문이다.

초창기 응급의학 멤버들의 얼굴이 삼삼하게 떠오른다. 지금 삼성서울병원에 있는 J 교수가 외과를 막 끝내고 응급의학을 하겠다며 제일 처음 펠로우로 들어왔고, 이어 Y 교수한림의대동탄성심병원, L 교수분당서울대병원에서 삼성의료원으로 옮김, P 박사서울의료원, P인제의대 해운대백병원 등이 차례로 합류하여 고락을 함께 했다.

다들 성품도 좋고 똑똑한 친구들로, 응급의학의 기초도 없는 때에 들어와 함께 주춧돌을 놓고 터를 닦으며 고생도 많이 하고 그만큼 정도 많이 들었다.

1997년 서울대학교병원 응급의학과 의국원 일동

1996년 서울대학교 병원 응급의학과 개설 후, 의국원 첫 기념 촬영.
아무도 신경 쓰지 않는 곳에서 거친 땅을 맨손으로 일구어냈다.

나란 사람이 무슨 일을 시작하면 옆도 뒤도 돌아보지 않고 미친 듯이 들이파
는 성미라, 내가 미처 헤아리지 못한 마음고생이 많았으리라 짐작된다.

내가 서울대학교 응급처치부를 정비하고 대한외상학회 학술의원으로서
응급의학의 개념을 재정립하기 위해 부산히 움직이는 사이 경천동지驚天動地
할 대형사건이 터졌다. 그것은 바로 우리 사회의 응급의료체계가 얼마나 부실
한지를 생생하게 보여준 삼풍백화점 붕괴 참사였다.

사고가 일어난 1995년 6월 29일 저녁, 나는 동료의사 3명, 간호사 1명, 응
급구조사 1명 등 8명의 의료진과 앰뷸런스 2대를 동원해서 사고현장으로 출
발했다. 의사로서의 사명감, 책임감 같은 것은 떠올릴 겨를도 없었다. 그저 응

급의학 전문가로서 이 끔찍한 사고로부터 단 한 사람의 생명이라도 구해야
한다는 생각밖에는 없었다.

그러나 우리 의료진이 사고현장에 도착했을 때는 구조되는 환자의 주변
에 접근할 수조차 없었다. 구조현장의 응급의료체계는 무질서하다 못해 원시
적이었다. 체계적인 지휘체계도 없이 전체적으로 우왕좌왕하는 분위기였다.
더욱 기가 막혔던 것은 구조 현장에서 노골적으로 환자 유치 활동을 펴던 일
부 병원 관계자들이 서울대병원의 앰뷸런스를 가리키며 했던 말이었다.

　　"아니, 우리같이 작은 병원도 먹고살아야지, 서울대병원 앰뷸런스가 이런

　　데까지 오면 어떡해?"

사람들이 구조될 때마다 구조요원들은 무조건 주변의 접근을 물리치며
각 병원 앰뷸런스에 환자를 실었다. 병원으로 이송하기 전에 필요한 응급조
처는 거의 생략되었다. 환자를 부목이나 끈으로 고정시키지도 않고 들것에
실은 채 달리는 구조요원도 많았다. 지금도 잊을 수 없는 것은 사고발생 71시
간 만에 극적으로 구출했다가 2시간 만에 사망한 이은영 씨의 경우다.

만일 이은영 씨를 병원으로 이송하기 전에 현장에서 즉시 기관절개 등의
응급조처로 호흡을 하게 해 주었더라면 생명을 건질 수 있었을 것이다. 당시
의 무질서한 구조현장을 돌이켜보건대 이 씨처럼 응급조처를 받지 못하고 이
송 중에 목숨을 잃은 환자들이 상당수 있을 것으로 생각된다. 어떤 환자는 골
반뼈가 완전히 부스러졌다고 할 수 있는 위급한 상태인데도 구조된 지 이틀
이 지나도록 트랙션 등 기본 처치도 받지 못한 채 병원에 방치됐다가 서울대
병원으로 실려 온 적이 있다.

응급의학의
새 장을 열다

삼풍백화점 붕괴사고 수습과정은 우리나라 응급의학의 현주소를 그대로 보여주었다. 사회가 비대해지고 발전하면서 각종 사고로 인한 사상자는 크게 늘어나는 데 비해 이에 대처하는 우리 사회의 응급의료시스템은 너무나 취약하고 원시적인 수준이었다. 응급의학에 종사하는 사람으로서 실로 참담함을 감출 수가 없었다.

응급의학이 발전하기 위해서는 개별 병원이나 의료진의 노력도 물론 필요하지만 국가적인 관심과 지원이 반드시 선행되어야 한다. 외상 환자들의 사망률을 낮추기 위해서는 전화만 하면 구급차가 신속하게 현장에 도착할 수 있도록 일사불란한 환자이송체계를 갖춰야 하고, 응급의학 전문의 과정도 국가적으로 마련되어야 한다.

일찌감치 응급의학의 중요성에 눈을 뜬 미국에서는 이미 60년대 후반부터 응급의료시스템을 정비하기 시작했다. 사고가 나면 5분 안에 구급차나 헬리콥터가 현장에 도착하여 응급처치를 하고, 15분 내에 부상자를 병원으로 옮기는 시스템을 갖추면서 외상환자의 사망률을 크게 낮출 수 있었다.

그러나 우리의 응급의학 수준은 매우 일천했고, 그 점에서는 서울대 병원도 예외는 아니었다. 엄밀히 말해서, 당시 서울대 병원 응급실을 찾는 환자의 대다수는 응급환자가 아니었다. 임종이 임박한 말기암 환자에서부터 다리 삔 환자, 심지어 감기 환자까지 너도 나도 급하면 아무 생각 없이 달려오는 곳이 응급실이었다.

그래서 초창기에는 응급의학의 개념을 정립하기 위해 많은 노력을 기울였다. 서울대학병원 최초로 전 직원에게 심폐소생술 교육을 실시하기도 했다. 서울대학병원 직원이라면 적어도 심폐소생술 정도는 할 줄 알아야 한다는 게 내 생각이었다. 그때 서울대학병원 직원이 5~6천 명쯤 됐다. 실습이 가능하도록 소규모 단위로 조를 짜서 일주일에 한 번씩 심폐소생술 교육을 진행했는데, 전체 교육 일정을 마치는 데 총 4년이 걸렸던 걸로 기억된다.

한국전쟁 다음으로 많은 인명피해를 낸 삼풍백화점 붕괴 사고 이후 전 사회적으로 응급의료의 중요성에 대한 공감대가 형성되었다. 서울대병원에서도 정부의 전폭적인 지원 아래 1996년 2월 응급의학과를 개설하게 되었다.

나는 응급의학과 초대 과장으로서 서울대학교 응급의학과를 '우리나라 응급의학의 메카'로 만들겠다는 큰 포부를 세우고, 정형외과와 영상의학과, 순환기 내과의 훌륭한 전문의들과 임상강사, 전공의들로 교수진을 구성하였다. 응급의학 전문의 과정을 통해 전문인력을 양성하는 한편 기업의 후원을 끌어들여 실력 있는 후배들이 미국에서 외상학과 응급의학을 배워 올 수 있게 하였다.

서울대 의대 응급의학과가 개설된 후 레지던트를 정식으로 모집하게 됐는데, 이때 똑똑한 친구들이 참 많이 들어왔다. 서울대 응급의학이 오늘날 이렇게 탄탄하게 성장한 것은 똑똑한 친구들이 많이 들어왔기 때문이라고 생각한다. 레지던트들이 똑똑하니까 스텝이 공부 안 할 수가 없고, 인턴부터 스텝까지 치열하게 공부하는 분위기가 만들어지니 거기서 분출되는 시너지가 실로 대단했다. 학과가 발전할 수밖에 없는 것이다.

초창기에 들어온 레지던트 1기가 서울대 응급의학과 교수로 재직 중인 S 교수서울대병원와 K 박사Wake Forest Baptist Hospital 같은 친구들이다. 지금 남편과 함께 미국에 있는 K는 매우 명석하고 능력 있는 여성의사였다. K만 떠올리면 지금도 미안한 일이 있다. 레지던트 과정을 마치고 K가 펠로우를 하고 싶다며 나를 찾아왔지만 그것을 수락하지 않은 것이다.

전적으로, 여성에 대한 나의 편견 때문이었다. 가정을 가진 여성 스텝들이 남성에 비해 일에 소홀한 것을 많이 봐 온 탓에, 여성은 스텝이 되면 안 된다는 생각이 꽉 차 있던 때였다. 결과적으로, K와 함께 레지던트 생활을 한 S 교수나 그 다음 기수들은 다 스텝을 했는데, K 박사만 스텝이 되지 못했다. 언젠가 사과 편지를 쓰기도 했지만, 이 지면을 빌어 다시 한 번 K 박사에게 미안한 마음을 전하고 싶다.

서울대학교병원 응급의학센터를 구성할 때는 여러 진료과들과 유기적인 협조 체계가 가능하도록 센터장 직속의 단일한 체계를 갖추었다. 특이한 점은 별도의 고용 관리 체계를 가진 간호부와 의사, 일반 행정직 직원들을 모두 응급의학센터 소속으로 만들었다는 점이다. 이처럼 하나로 아우르기 어려운 세 파트를 애써 단일한 조직으로 묶은 것은 응급의학센터만큼은 센터장 지휘 아래 일사분란하게 움직여야 한다고 판단했기 때문이다. 아마 국내 병원의 어떤 센터에서도 이와 유사한 사례를 찾기 힘들 것이다.

응급의학센터에는 24시간 응급의학과 전문의가 상주하여 효율적이고 체계적인 응급실 진료와 관리가 이루어지게 하였다. 특히 외상전문의들과의 협진을 통해 중증 외상환자들도 신속하고 적절한 치료를 제공할 수 있는 체계를 구축하였으며, 어린이 응급실을 성인 응급실과 분리하여 소아 환자의 경우 별도의 구역에서 소아청소년과 전문의에게 진료를 받을 수 있게 하였다. 또한 응급 병동과 응급 중환자실을 자체적으로 운영하여 응급의학센터의 진료와 입원 치료, 중환자 치료가 자연스럽게 연계될 수 있게 되었다.

이후 서울대학병원 응급의학과는 눈부신 발전을 거듭하여 현재 교수진과 전임의, 전공의, 간호사, 응급구조사 등 260명의 인력이 연간 수만 명의 응급 환자 진료를 담당하고 있다. 서울대병원 응급센터는 2004년 서울특별시 권역응급의료센터로 지정되어 60개 병상의 성인 응급실과 20개 병상의 어린이 응급실을 갖춰놓고 매일 수백 명의 환자를 진료하고 있다.

2000년 응급의학과 전문의 1기를 배출하였다.
당당한 포즈로, 이제부터 시작이다~ 나를 따르라!!!

2004년 응급의료센터 개소식. 일본 응급의학회장 슈마자키 교수와
교린대 야마모토 교수 등 일본 응급의학의 주요인사들이 모두 참석하여,
성공적으로 서울대 응급의학과를 알릴 수 있었다.

하버드 의대
연구교수로 가다

서울대 의대의 교수로 발령 받은 사람은 적어도 2년 동안은 우리나라에서 근무를 하도록 돼 있다. 외국에 나갈 때 나가더라도 우리나라의 의료 현실을 제대로 알고 나가라는 의미다. 아무것도 모르는 사람을 미국에 보내놓으면 수준 높은 미국의 의료 환경을 접하고 돌아와 한국의 현실은 무시하고 우리도 미국처럼 해달라고 하기 십상이었다.

나 역시 2년간 서울대 의대에서 근무한 뒤 1989년 10월 미국 하버드 의대 브리검 여성병원Brigham and Women's Hospital의 리서치 펠로우Research Fellow로 장기 연수를 떠났다. 리서치 펠로우란 우리말로 연구교수, 즉 연구개발사업비를 재원으로 한 연구를 전담하기 위해 채용된 박사급 연구원을 말한다.

미국에서의 2년은 한국의 바쁜 일상에서 벗어나 순수하게 공부에만 몰입할 수 있었던 매우 의미 있는 시간이었다. 미국 의사면허가 없기 때문에 병원에서 환자를 보는 일은 할 수 없었고, 주로 병원에서 지내면서 실험과 연구 활동에 전념했다.

브리검 여성병원Brigham and Women's Hospital은 하버드 의과대학 캠퍼스 안에 있는 병원으로, 미국에서 여성 및 호르몬 관련 연구를 가장 많이 하는 병원이었다. 한국에서도 중환자 의학을 했던 터였고 영양학이나 호르몬에도 많은 관심이 있었기 때문에 공부하고 싶은 게 너무나 많았다.

성장호르몬, 노화방지Anti-Oxidant, 중환자의 치료와 관리, 글루타티온 등 항산화제를 이용한 환자 치료, 영양학 등 우리나라에서는 아직 생소하게 받아들여지는 분야를 집중적으로 연구했다. 실험실에 살다시피 하면서 실험도 많이 했다. 그 땀과 노력의 결정체가 바로 이 책의 서두에서 이야기한 17편의 SCI 논문이다.

SCIScience Citation Index란 ISI국제통계협회, International Statistical Institute에서 만든 학술지 데이터베이스로, 국제통계협회 내부의 까다롭고 엄격한 기준에 따라 학술지를 선정하고 있기 때문에 전 세계 학계에서도 그 권위를 인정하고 있다. 그래서 국제학술지에 실린 논문을 평가할 때 그 학술지가 SCI 데이터베이스에 들어 있는 학술지냐 아니냐에 따라 논문의 수준을 평가하는 것이다.

SCI급 학술지에 논문을 싣는다는 것이 생각처럼 쉬운 일은 아니다. 논문의 내용도 독창적이고 훌륭해야 하지만 무엇보다 영어의 장벽을 넘어야 하기 때문이다. 한국의 의사들 중에서 2년 동안 SCI 논문을 17편이나 쓴 사람은 많지 않을 것이다. 그런 점에서는 나 스스로 상당한 자부심을 가지고 있다.

1995년 하버드 의대 교수와 함께 외과 중환자 관리를 다룬 교과서 『Surgical Critical Care』의 한 챕터를 집필할 수 있었던 것도 미국 시절에 발표한 SCI 논문들로 전문 역량과 집필 능력이 검증됐기 때문이었다.

미국 연수기간을 뭐 그리 빡빡하게 보냈냐고 하는 분들도 있겠지만 그때는 참 즐겁게 공부했다. 젊기도 젊었거니와 공부에 대한 의욕도 충만했다. 가족들과 함께 갔기 때문에 정서적으로도 안정돼 있었고, 마음이 너무 편했다. 국내에 있을 때처럼 조직사회 구성원으로서의 고민이나 갈등도 없이 그냥 공부만 하면 되는 기간이었다. 아마 내 인생에서 처음이자 마지막으로 학문 연구에만 몰두했던 최고의 황금기가 아니었나 싶다.

딱 한 가지 아쉬운 점이 있다면 영어 발음이었다. 1987년부터 외국어대 영문학과 교수인 리처드 버튼과 일주일에 한 번씩 영어를 배웠기 때문에 읽고 쓰고 원어민과 소통하는 데 큰 지장은 없었다. 문제는 발음이었다. 미국인들과 이야기를 나눌 때마다 내 영어 발음이 어색하게만 느껴졌다. 나는 좀더 세련된 고급회화를 구사하고 싶었다.

보스턴에 있는 발음교정학원을 알아보고 있던 차에, 마침 브리검 여성병원에 외국인을 위한 영어교육 교육프로그램이 있다는 걸 알게 되었다. 이거다 싶어 얼른 수강 신청을 했다. 그런데, 내가 브리검 여성병원에 정식 고용되어 월급을 받는 직원이 아니기 때문에 안 된다는 것이었다. 섭섭하고 아쉬웠지만 병원의 규정이 그렇다니 어쩔 수 없는 노릇이었다.

그런데 그로부터 몇 개월 지나지 않아 병원 측에서 뜻밖의 소식을 전해 왔다. 높은 연구 실적을 고려하여 월급을 지급하겠다는 것이었다. 전혀 예상치 못한 즐거운 뉴스였다. 우리 가족은 한국과 미국 양쪽에서 주는 월급으로 좀더 풍족하고 행복하게 지낼 수 있었다. 아이들도 어릴 때라 미국 학교에 무난히 적응했고, 아내 역시 보스턴의 한 대학으로 영어를 배우러 다녔다.

미국 연수의 마지막 몇 개월은 임상 연구clinical research 중심으로 진행되었다. 응급실에 들어가 미국의 응급의학 시스템을 살펴보기도 했고, 수술장에

1991년 미국 보스턴 Bringham Women's hospital 연구교수로 재직하던 시절

미국 연수 시절 책임연구원 Shery와 함께 연구실에서.
낯선 땅에서도 나의 여유와 진화력은 녹슬지 않았다.

도 들어가서 환자 수술하는 것을 참관하기도 했다. 당시는 복강경 수술이 미국에서 막 유행할 때였다. 나는 복강경 수술 광경을 내 눈으로 직접 확인할 기회를 가질 수 있었다. 배를 째지 않고도 수술이 가능하다는 사실 자체가 너무나 신기하고 파격적으로 느껴졌다. 나는 복강경 수술이라는 이 혁신적인 수술기법에 단번에 매료되었다. 또한, 가격이 비싸서 우리나라에서는 아직 일반화되지 않은 성장호르몬 요법 등 의학계의 새로운 동향을 많이 접하고 배울 수 있었다.

미국에서 2년간 체류하며 논문을 쓰고 미국 학회에 나가 발표를 하는 과정에서 개인적으로 가까워지게 된 미국의 의사들도 많았다. 이 같은 경험과 연구 성과, 그리고 소중한 인적 자산은 이후 한국에 돌아와서 중환자를 치료하고 갑상선이라는 새로운 분야를 개척하는 데도 적잖은 도움이 되었다.

추억의
크로스컨트리 여행

보스턴은 미국 매사추세츠 주의 주도로, 인구 60만 명의 도시이다. 4계절을 가진 한국의 날씨와 비슷하면서도 전반적으로 기온이 서늘하다. 한국보다는 겨울이 길고, 봄과 가을이 조금 짧다. 특히 보스턴의 겨울은 정말 춥다. 좀 날이 풀렸다 싶으면 영하 1, 2도였다.

보스턴의 날씨가 이런 줄 알았다면 나는 아마 다른 데를 선택했을 것이다. 그때까지 내가 아는 미국은 동부지역이 전부였다. 당시 누나가 뉴욕 주의 주도인 알버니Albany에, 여동생이 시라큐스Syracuse에 자리 잡고 있었기 때문에 정서적으로 미국 동부의 환경에 익숙해진 탓이 컸다. 훗날 샌프란시스코와 LA를 가 본 뒤 나는 몸서리나게 추운 보스턴의 겨울을 떠올리곤 '이런 천국 같은 곳을 두고 왜 저런 곳을 갔을까' 하고 후회한 적이 있다.

그러나 시간이 지나면서 보스턴 생활에도 차차 적응이 됐다. 살아볼수록 보스턴은 참 멋지고 아름다운 도시였다. 도시 곳곳에는 고풍스러운 유럽식 건물이 자리 잡고 있어 유럽의 어느 도시에 와 있는 듯한 착각을 불러일으켰다. 나중에는 살을 에는 혹독한 추위마저도 보스턴만의 매력으로 느껴지기

박우성, 성숙환 교수 가족들과 즐거웠던 한 때.
아이들도 어른들도 정말 즐거워 보인다.

토론토에서 아름다웠던 공영수 선생의 자택. 가족들과 함께

도 했다. 나는 틈나는 대로 아내와 아이들을 데리고 보스턴 커먼common wealth 으로 가서 옛 보스턴 시청이나 벤자민 프랭클린의 무덤, 보스턴 대학살 장소 등을 돌아보곤 했다.

보스턴에서 자주 먹었던 클램 차우더의 맛은 지금도 가끔 생각난다. 클램 차우더는 빵 속을 파내서 크림과 고기, 야채 등을 넣고 만든 스프로, 눈 내리 는 추운 겨울날 후후 불며 먹는 그 뜨거운 스프의 맛은 잊을 수가 없다. 마치 한국 사람들이 찬바람이 쌩쌩 부는 산 정상에서 먹는 컵라면 국물의 맛이라 고나 할까. 지역마다 클램 차우더에 들어가는 재료와 맛은 조금씩 다르지만, 특히 보스턴의 클램 차우더가 유명한 데는 다 이유가 있는 것이다.

이국의 낯선 도시에서도 우리는 외롭지 않았다. 서울대 교수들이나 지인 들은 미국에 오면 으레 내 집을 찾아왔고, 나는 그들을 보스턴 시내로 안내하 곤 했다. 가까이 지내는 한국인 친구도 있었다. 최명식 교수라고 미생물학을 연구하는 후배와 앞뒷집에서 살면서 2년 동안 친하게 지냈다.

나보다 4년 후배인 그는 인품도 훌륭하고 아주 실력 있는 친구였다. 우리 는 가족끼리도 자주 만나고 식사도 함께 하며 미국 체류 기간 동안 형제처럼 다정하게 지냈다. 지금 그는 서울대의대 교수로 재직하고 있는데, 가끔 만나 면 보스턴에 있을 때를 떠올리며 이야기꽃을 피우곤 한다.

가끔은 여행 삼아 학회 가는 교수들을 따라 나서기도 했다. 내가 워낙 운 전하는 걸 좋아하고 돌아다니는 걸 좋아하는 성미라 하여간 많이 돌아다녔 다. 아이들 방학이나 연휴 때면 가족과 함께 집을 나서 4박5일, 5박6일의 짧 은 여행을 즐기곤 했다. 마이애미, 따우전 아일랜드1000 Islands, 디즈니월드, 나 이아가라 등 미국의 이름 난 관광지는 안 가본 데가 거의 없을 정도였다.

특히, 따우전 아일랜드에 갔던 일이 기억이 난다. 미국과 캐나다를 잇는 세인트 로렌즈 강에는 1천여 개의 작은 섬들이 있는데, 천 개의 섬이라고 해서 '따우전 아일랜드'라는 이름이 붙은 곳이다. 미국과 캐나다의 부자들이 그 섬에 멋진 별장을 지어놓고 여유를 즐긴다고 하는데, 크루즈를 타고 그 아름다운 곳을 둘러보는 우리들의 마음은 그 부자들 못지않게 풍요롭고 행복했다. 대학 때 스키부 후배로, 우리 부부가 잘 아는 K 선생Toronto, 비뇨기과을 만난 것도 여행 못지않은 즐거움이었다.

보스턴에서의 일정을 마무리하고 한국에 돌아오기 전에는 온 가족이 한 달간 크로스컨추리Cross Country 여행을 즐겼다. 2년간 열심히 일한 나 자신에게 주는 특별한 보상이자, 아이들에게 줄 수 있는 최상의 선물이었다. 원래 보스턴에서의 임무가 종료되면 의료보험 혜택도 받을 수 없는 것이지만, 나에 대한 병원 측의 특별한 배려로 여행 중에도 의료보험 혜택을 받을 수 있게 되었다. 그 덕분에 온 가족이 안심하고 미국여행을 즐길 수 있었다. 이 지면을 빌어 Dr. Demling에게 다시 한 번 고마운 마음을 전하고 싶다.

보스턴에서 출발한 우리는 뉴욕 맨해튼을 거쳐 메릴랜드 주 볼티모어, 옐로스톤 국립공원, 워싱턴, 텍사스, 콜로라도, 유타 주의 솔트레이크시티, 네바다사막 한 가운데 오아시스처럼 건설한 라스베이거스를 경유하여 LA에 도착했다. 다시 하와이에 들러 2~3일을 보낸 뒤 한국으로 돌아왔다. 실로 꿈같이 지나간 한 달이었다.

우리 여행의 중간 기착지는 미국 전역에 살고 있는 내 친구들 집이었다. 워낙 아는 친구가 많다 보니 미국에 사는 친구만 꼽아도 적지 않은 숫자였다. 친

마지막 여행지 하와이에서.
여행의 처음보다 아이들이 한층 성숙해 보인다.

구네 집에서 2~3일간 체류하면서 그 일대를 둘러보면 여행비용도 아끼고, 한동안 보지 못했던 친구들과 우의를 다질 수 있으니 일석이조였다. 친구의 스케줄을 무시하고 지나치게 신세를 지면 민폐가 되는 것이지만 적당한 신세를 지면 인간관계가 더욱 돈독해진다는 것을 그때의 경험에서 느꼈다.

　나는 오랜만에 만난 친구들과 골프를 치기도 하고 술도 한 잔 하면서 모처럼의 즐거운 시간을 만끽했다. 여행을 마치고 한국에 돌아올 때는 중학교 친구 L초막집식당이 있는 하와이에서 며칠 느긋하게 쉬었다. 지금 생각해도, 그 한 달간 정말 더할 나위 없는 시간을 보낸 것 같다. 일과 세상사에서 잠시 떨어져 그렇게 느긋하게 돌아다닌 멋진 여행은 내 일생에서 처음이자 마지막이 아닌가 싶다.

사실 그 무렵 아내가 몸이 좀 불편했다. 말이 안 통하는 미국에서 2년이나 살다 보니 향수병Home sickness이 생겼는지, 마무리여행 다닐 때는 몸이 영 시원치가 않았다. 나는 차 트렁크에 링거와 영양제를 두 박스 실어놓고 아내가 조금이라도 피곤해한다 싶으면 링거를 놔주곤 했다. 그때 타고 다녔던 차가 현대 Sonata 2.4였다. 당시 출시된 지 얼마 안 된 것을 구입해서 크로스컨트리를 시작했는데, 하루 종일 타고 다녀도 잔 고장 없이 안전하게 우리 가족을 지켜준 믿음직한 자동차였다.

아이들에게 좋은 추억을 안겨 주기 위해 시작한 여행이었지만, 어릴 때의 일들을 기억이나 제대로 하는지 잘 모르겠다. 그때 찍은 수백 장의 사진들 속에서 웃고 있는 아이들의 모습을 보며 행복했던 그 시절을 떠올려 본다.

또 다른 도전,
갑상선

1987년에 혼자서 응급의학이라는 어린 나무를 심을 때는 '이게 과연 될까?' 하는 의문과 회의를 가질 때도 많았다. 응급의학은 생사의 갈림길에서 꺼져가는 생명을 살려내는 고귀한 일이지만, 24시간 전쟁처럼 돌아가는 응급실 업무는 의사들 세계에서 3D 중의 3D라 불리고 있었다. 때로 술 취한 환자들이 난동을 피우기도 하고, 오랜 기다림에 지친 환자 보호자들에게 멱살을 잡히거나 험한 욕설을 듣는 일이 예사였다.

나 또한 처음에 외상학을 해보라는 제의를 받았을 때 제일 먼저 든 생각은 '내가 왜?'였다. 외상학과 불가분의 관계인 응급의학은 모든 의사들이 기피하는 일이었다. 돈을 많이 버는 일도 아니고, 폼 나는 일도 아니고, 편히 쉴 수도 없는 이 일을 왜 내가 해야 하는가. 만일 그때 소아외과 K 교수님의 '남이 안 하는 일을 하라'는 조언을 새겨듣지 않았다면 중도에 포기했을지도 모른다.

무수한 고민 속에 시작하고 힘들게 기초를 다지고 뼈대를 세운 서울대 응급의학과가 20여 년이 지난 지금 이렇게 무성한 잎과 알찬 열매를 맺은 것을

2011년 갑상선센터 교수진들과 함께.
훌륭한 동료이자 유능한 후배들이 있어 든든하다.

보니 가슴이 벅차오른다. 그러나 나 혼자 시작했다고 해서 어찌 혼자 힘으로 여기까지 올 수 있었겠는가.

사실 내가 지금 이 자리에 오기까지는 박용현 회장님을 비롯해서 여러 은 사님들의 애정 어린 조언과 도움이 컸다. 그분들이 고비 고비마다 내게 손을 내밀어주고 힘을 보태 주지 않았더라면 나의 인생은 훨씬 더 어둡고 의사로서 거둔 성과도 적었으리라.

그러나 윗사람들과 초창기 응급의학 멤버들을 제외하고 진실로 고마움 을 표하고 싶은 단 한 사람을 꼽으라면 1999년 응급의학과에 합류한 서길준 교수를 언급하지 않을 수 없다. 내가 응급의학을 시작한 사람이라면 그는 나의 바통을 이어받아 응급의학을 실질적으로 이끌어온 사람이다. 나와는 10년 차이 나는 후배이자 제자이지만 여러 모로 그에게 참 많은 신세를 졌다.

응급의학의 기초를 놓던 시기에 모 병원의 유능한 외과의사였던 그를 응급의학이라는 고난의 길로 끌어들였으며, 그에게 많은 것을 맡겨 놓고 나는 대한외과학회, 대한응급의학회, 대한응급구조사협회, 대한화상학회, 대한외상학회 등 응급의학과 외상학의 발전을 위한 대외활동을 활발히 벌였다.

그런 과정에서 갑상선이라는 또 다른 분야를 알게 되었다. 당시 외과에는 내 4년 선배인 O교수가 있었는데, 그는 응급의학과가 생기기 전부터 갑상선을 하라고 내게 권했다. 외상학보다는 갑상선이 훨씬 장래성이 있다는 것이었다. 그때만 해도 초창기고 응급의학의 기반을 조금씩 잡아갈 때라 외상 환자가 그리 많지 않았다.

"야, 너 시간도 한가한데 갑상선을 해라. 외상학 해서 언제 먹고 살겠냐."
"그래요? 하죠 뭐."

그때 선선히 응낙했던 것은 갑상선에 대한 관심보다는 O교수에 대한 인간적인 매력과 수술에 대한 욕심이 컸다. 당시에는 지금처럼 각 분야의 경계가 확실치 않을 때라 O교수는 내분비 수술과 갑상선 수술을 하였고, 당시 수술의 건수도 그리 많지가 않았다. 굉장히 섬세하고 꼼꼼한 분인데, 건강 등의 개인적인 일로 수술을 많이 하지 않게 된 것이다.

갑상선 수술은 여러 면에서 나와 잘 맞았다. 자꾸 하다 보니 재미도 있었고, 갑상선 환자가 지금처럼 많지 않을 때라 큰 부담도 없었다. 그런데 갑상선 환자가 조금씩 늘어나면서 갑상선 수술이 차지하는 비중이 점점 커지기 시작했다. 갑상선 역시 응급의학의 경우처럼 미개척 분야라 미국과 일본의 선진적인 수술기법에 대한 연구가 필요했고, 학회를 만들고 세미나를 하는 등 하나하나 기초를 다져나가야 했다.

급기야 2천년도 전후해서는 서 교수에게 응급처치부와 응급의학과를 차례로 넘기고 이 새로운 도전에만 매진하게 되었다. 그러다 보니 서 교수도 나와 똑같은 길을 걸어야 했다. 처음에 외과 교수를 하면서 응급의학을 했고, 응급의학과 주임교수와 과장을 지냈다. 그가 오랜 세월 묵묵히 내 뒤를 받쳐 주지 않았더라면 응급의학도, 갑상선도 이만한 성과를 내지 못했을 거라 생각한다. 이 지면을 빌어 서길준 교수에게 미안하고 고마운 마음을 전하고 싶다.

콜럼버스의 달걀

내가 2004년에 내시경을 이용한 새로운 갑상선 수술법을 개발하고, 다시 2008년에 로봇갑상선절제술을 개발하자 사람들이 감탄하며 말했다.

"남들은 한 번 하기도 어려운 일을 어떻게 두 번이나 하셨습니까? 정말 대단하십니다!"

내가 똑똑하고 대단한 사람이라서 해 낸 일이 아니다. 갑상선수술을 워낙 많이 하다 보니 기존 수술법의 단점을 누구보다 잘 알게 되었고, 어떻게 하면 좀 더 안전하고 흉터 없이 완벽하게 수술할 수 있을까를 끊임없이 고민하고 새로운 아이디어를 내는 과정에서 만들어진 결과물일 뿐이다.

새로운 아이디어라는 것도 세상에 없는 어떤 것을 새롭게 만들어낸 게 아니다. 달걀 끝을 깨뜨려 세운 콜럼버스처럼, 모두가 당연하다고 생각하는 것들을 한번 뒤집어도 보고 엎어도 보면서 내 의문을 충족시킬 답을 찾아나갔을 뿐이다.

앞에서도 말했듯 나는 외과의 분과가 이루어지기 전부터 갑상선수술을 해 온 사람이다. 아마 갑상선수술을 나만큼 많이 한 사람은 없을 것이다. 몇 년 전 우연히 건강보험심사평가원 통계를 보니 갑상선수술을 제일 많이 한 사람으로 기록돼 있었다. 한 해에 1200명까지 수술을 한 적도 있었으니, 하루에 4명씩은 수술했다는 얘기다. 이런 수술 경험을 통해 터득한 노하우가 새로운 갑상선 수술법을 개발하는 데도 든든한 밑천이 됐을 거라고 생각한다.

나는 기본적으로 '외과의사는 수술을 잘해야 한다'는 생각을 가진 사람이다. 수술을 잘하려면 우선 많이 해 봐야 되고, 그 생생한 감각이 늘 내 손에 붙어 있어야 한다. 며칠만 수술을 쉬어도 벌써 감각이 다르다. 그런 점에서는 영어도 비슷하다. 미국에 있을 때 보면 일주일 내내 영어를 썼는데도 월요일만 되면 영어가 잘 안됐다. 주말에 아이들과 주로 한국말을 사용했기 때문이다. 화요일쯤 돼야 영어가 입에 붙었다.

수술도 마찬가지다. 금요일에 수술하는 거하고 월요일에 수술하는 게 다르다. 월요일 수술은 아무래도 좀 더 긴장이 된다. 그래서 나는 제자들에게도 '수술은 매일 해야 한다'고 말하곤 한다. 매일 하지 않으면 그 감각을 유지하기 어렵기 때문이다.

90년대까지 내가 했던 수술법은 지금하고는 완전히 달랐다. 가장 기본적이고 전통적인 방식의 갑상선 절제술이었다. 목 아랫부분을 5~7㎝ 정도 절개하여 시행하기 때문에 흉터가 크게 남고 자칫 잘못하면 신경 손상이나 손발 저림 등의 후유증이 생길 수 있었다. 그러나 그 당시 사람들은 이런 후유증이

나 미관상의 문제를 지금처럼 크게 생각지 않았다. 의료기관의 문턱도 지금보다 높았을 뿐 아니라, 사람들도 자신의 건강에 대해서 그렇게 많이 신경 쓰지 않을 때였다.

나는 열심히 수술을 하는 한편으로 이런 수술상의 문제를 보완할 방안을 끊임없이 고민했다. 당시 국내에서 갑상선을 하는 사람은 몇 명 되지 않았다. 나는 연세대학교와 서울대학교의 교수 몇 분과 내분비외과연구회를 만들어 스터디를 진행하였고, 그 연구 성과를 토대로 책과 논문을 썼다. 이 내분비외과연구회가 훗날 갑상선외과학회로 발전하게 된다.

나는 기회 있을 때마다 미국과 일본 등지의 학회를 다니며 각국의 갑상선 수술의 세계적인 동향을 파악하려 애썼다. 특히 관심이 갔던 게 독특한 의료 문화를 가진 일본이었다. 일본은 미국이나 우리나라 같은 전문의 제도가 없는 대신 개업의들이 분야별로 상당히 전문화돼 있었다. 나는 일본의 구마 병원, 동경여자대학병원, 노구찌 병원, 이토 병원 등 갑상선으로 유명한 병원들을 돌아보며 이들이 특유의 섬세함으로 자신의 전문영역을 단단하게 구축하고 있음을 깨달았다.

특히 내 관심을 끌었던 것이 내시경을 이용한 갑상선 수술법이었다. 일본의 이케다 교수가 한국을 방문해서 내시경 수술에 관한 강의를 한 적이 있었는데, 그의 강의를 들으면서 나는 무릎을 쳤다.

'아, 칼로 절개하지 않고 할 수 있는 수술법이 있다니!'

내시경 갑상선 수술은 기존의 목에 절개를 가하는 수술법 대신 양측 유두

2008년 분당 서울대학교 병원에서.
BABA 탄생의 역사적인 순간.

부와 가슴 부위에 구멍 세 개를 뚫은 뒤 기계 두 대와 카메라 하나를 넣어 수술하는 방법이었다. 무엇보다 흉터가 거의 없고, 카메라를 보면서 정확하게 환부를 제거할 수 있다는 장점이 컸다. 갑상선이 미용에 관심이 많은 젊은 여성에게 주로 많이 생긴다는 점을 고려하면 굉장한 강점이었다.

나는 어떻게든 내시경 갑상선 수술을 하고 싶었다. 그러나 아무리 자료를 뒤져봐도 내시경에 대한 논문 한 편을 찾을 수가 없었다. 당시 국내에서는 내시경 갑상선 수술을 하는 사람이 한두 명밖에 되지 않았다.

나는 2004년경부터 지금 서울아산병원에 있는 정기욱 교수와 함께 내시경절제술에 대해 집중적으로 연구하기 시작했다. 강북삼성병원에서 내시경 수술을 한다는 소리를 듣고는 직접 보고 오라며 정 교수를 강북삼성병원으로 보낸 적도 있었다.

우리는 실제 수술 장면을 촬영한 동영상을 수없이 돌려보고 논의한 끝에 마침내 첫 환자의 수술을 시행했다. 수술 자체는 성공적이었으나, 평소 같으면 30~40분이면 끝났을 수술이 다섯 시간 반이나 걸렸다.

말로만 듣던 내시경 수술을 직접 해 보니 불편한 점이 많았다. 구멍을 세 개 뚫어서 하다 보니 잘 보이지도 않았고, 조작하기도 힘들었다. 이런 단점 때문에 강북삼성병원에서도 내시경 수술을 중단했다는 소식이 들려왔다.

그러나 나는 거기에서 멈추지 않았다. 분명 내시경 수술은 한 단계 진화된 수술법이었고, 꾸준히 길을 찾노라면 기존 내시경 수술법의 장점을 살리면서도 불편함을 해소할 수 있는 방법이 있을 것이었다.

최초의 무언가를 만든다는 건 참으로 힘들고 고단한 일이다. 잡풀과 가시

덤불을 헤치고 하루하루 나아가며 이게 길인지 벼랑인지 알 수 없는 막막함과 싸워야 했다. 해도 해도 앞이 보이지 않는 날은 정 교수와 둘이서 술을 마시며 '누가 새로운 걸 만들어달라고 등을 떠미는 것도 아니고, 기존의 수술법으로 해도 얼마든지 인정받을 수 있는데 이렇게 힘든 것을 뭐 하러 하나?' 하는 푸념을 하기도 했다.

1년간 연구를 도왔던 정 교수가 다른 병원으로 옮겨 간 뒤에는 지금 서울삼성병원에 있는 최준호 교수가 연구에 합류했다. 그러다가 '하나를 더 뚫어보자'는 아이디어를 내게 되었고, 마침내 양측 유두부와 양쪽 겨드랑이를 뚫는 세계 최초의 내시경 수술법을 개발하게 되었다. 이 새로운 수술법은 안전하고 흉터도 남지 않고 신경을 건드릴 일도 없으며 조작하기도 쉬운 방법이었다. 우리는 이 새로운 수술법을 '양측bilateral', '겨드랑이axilla', '유방breast', '접근법approach'의 머리글자를 따서 '바바BABA'라고 명명命名하였다.

2007년, 내가 개발한 새로운 내시경 갑상선 절제술 BABA에 대한 논문을 국제갑상선학회에서 발표하자, '그냥 하던 대로 하지 무슨 연구를 한다고 그래' 하고 점잖게 핀잔을 주던 사람들도 '아, 그런 방법이 있어?' 하면서 인정해 주었다.

그를 계기로 우리나라에 내시경을 이용한 갑상선 수술이 붐을 이루게 됐고, 내시경 수술을 하려는 환자들도 많아졌다. 레지던트들 중에서도 갑상선외과를 하겠다고 찾아오는 선생들이 많아지기 시작했다. 아무도 가지 않는 길을 개척해 보겠다고 혼자 동분서주하던 때가 떠오른다. 그때는 나 자신도 갑상선 분야가 이렇게 세계적 수준으로 발전하리라고는 생각하지 못했다. 스승이 택한 고단한 길에 함께 해준 제자들이 고마울 따름이다.

바바(BABA)
로봇 갑상선 절제술

갑상선은 날개를 편 나비 모양으로 목의 한가운데서 앞으로 튀어나온 물렁뼈의 아래쪽 기도 주변에 존재한다. 갑상선은 인체에서 가장 큰 내분비선으로 요오드를 함유한 티로신이라는 호르몬을 분비하는데, 이 호르몬이 체내 모든 기관의 기능을 적절하게 유지시키는 역할을 한다. 갑상선의 크기는 개인에 따라 차이가 나지만 무게는 대개 30~60g 정도이다. 정상적인 경우에는 만져지거나 눈에 띄지 않지만 이상이 생기면 커진다.

의사의 소견이나 특별한 증상이 없다면 굳이 갑상선암을 의심할 필요가 없다. 그러나 검진을 통해 갑상선암이 분명할 때는 적절한 치료를 받아야 한다. 다른 암과 달리 갑상선암은 항암약물처치나 방사선 치료를 통해 별다른 효과를 볼 수가 없다. 현재까지 이 병을 치료하는 최선의 방법은 절제술이다. 즉, 수술을 통해 갑상선과 함께 암을 제거하는 방법이다. 수술 후에는 갑상선암의 재발을 막기 위한 처방으로 갑상선 호르몬제를 복용하게 된다. 재발 위험이 높은 환자는 방사성 요오드 치료를 받기도 한다.

아직까지 갑상선은 베일에 싸여 있는 신체 기관이다. 암이 발생하는 원인도 명확하지 않다. 암에 걸려도 특별한 증상이 나타나지 않는다. 일부만이 갑상선의 크기 증가, 통증, 쉰 목소리, 연하곤란 같은 압박 증상을 느낄 뿐이다. 따라서 갑상선암을 예방하는 유일한 길은 정기 검진뿐이다. 그러나 조기에 처치만 한다면 다른 암에 비해 예후가 좋은 편이니 크게 걱정할 필요는 없다. 수술 후 재발하거나 전이되는 경우에도 조기에 치료하면 완치율이 높은 편이다.

갑상선암 발병률이 급증하면서 과잉진료에 대한 우려의 목소리가 높아졌다. 어떤 사람들은 암 검진을 권장하는 의료 시스템에 원인이 있다고도 한다. 무분별한 조기 검진으로 환자를 양산하고 있다는 것이다.

나는 이런 의견을 존중하지만 동의하지는 않는다. 갑상선암 환자의 증가에는 다양한 원인이 있다. 지금 거의 모든 병원에서 사용되고 있는 초음파 장비의 대중화도 갑상선암의 증가와 밀접한 관련이 있다. 또, 갑상선암은 나이가 많을수록 발병 확률이 높은 질환이기 때문에 우리 국민들의 평균 수명이 증가한 것도 갑상선암 발병률 증가의 한 이유가 될 수 있다.

경제가 성장하고 사회가 발전하면서 사람들의 건강에 대한 관심도 대단히 높아졌다. 우리 사회가 건강에 대해 관심을 기울이기 시작한 것은 2천 년대 초반, 그러니까 1인당 국민소득이 만 불을 넘기면서부터라고 생각된다.

사람들은 조금만 몸에 이상이 생겨도 병원을 찾았고, 수술을 받을 때도 후유증 여부와 미관상의 문제를 따지기 시작했으며, 이 병원과 저 병원의 수술법을 스스로 비교하기 시작했다. 병원이 일방적으로 환자를 만들어내고 과잉진료 할 수 있는 시대가 아니라는 얘기다.

사실 병원에서도 조그마한 갑상선암이 발견되면 무턱대고 수술을 권하지는 않는다. 대개는 '좀 두고 보자'고 말한다. 그런데 거꾸로 환자 입장에서는

바바 로봇 갑상선 절제술을 집도하는 모습

아무리 작은 거라도 내가 암이 있다고 생각하면 걱정이 안 될 수가 없다. 게다가 일부 갑상선암은 시간이 지나면 폐나 뼈 같은 데로 번지기도 한다. 20%의 적은 확률이지만, 내가 그런 암이 아니라고 장담할 수 없는 일이다. 또 한쪽에 갑상선암이 있으면 반대쪽에도 있을 확률이 30%다. 갑상선암 환자 열 명 중의 세 명은 양쪽에 암을 가지고 있다는 얘기다.

암이 있는 게 찜찜하지만 큰 수술은 부담스러운 사람들에게 나는 로봇 갑상선 절제술을 권한다. 이 수술용 로봇은 원래 비뇨기과에서 전립선암 수술을 위해 도입된 것으로, 최근 우리들병원 같은 척추 관절 분야에도 적용되기 시작했다.

로봇 갑상선 절제술은 이 수술용 로봇을 세계 최초로 내시경 갑상선 절제술에 적용한 것이다. 로봇 갑상선 절제술은 상하·전후·좌우 자유자재로 360도 회전하는 로봇팔을 이용하여 정교한 작업이 가능하고, 오차 없이 정확하게 암을 제거할 수 있는 최첨단 기술과 수술방법의 집약체라고 할 수 있다. 특히 실제보다 10~15배 확대된 화면을 3차원으로 보면서 수술하기 때문에 수술 시의 신경 손상이나 후유증의 우려를 덜어준다. 유두부와 양쪽 겨드랑이를 최소한 절개0.8~1.2㎝하므로 통증이 없고 흉터도 남지 않는다.

수술하는 의사의 입장에서도 내시경으로 수술할 때보다 동시에 더 많은 기구를 사용할 수 있으므로 여러 가지 면에서 안정적인 수술이 될 수 있다. 또한, 갑상선암이 갑상선 주변이나 목의 림프절로 전이가 있을 때에도 최소한의 절개로 림프절을 모두 제거할 수 있기 때문에 여타의 수술법보다 앞선 수술법이라고 할 수 있다.

'Big surgeon Big incision'은 옛말

내가 다빈치 로봇 시스템을 보게 된 것은 2008년 초의 어느 날이었다. 그 무렵엔 나를 찾는 환자들이 워낙 많아서 나한테 수술을 받기 위해 일 년을 기다리는 일이 예사였다. 내 마음 같아서는 바로바로 해 주고 싶었지만 서울대병원의 한정된 병상과 수술 여건이 이를 허락지 않았다.

급기야 2006년에는 외과 과장을 그만두고 갑상선 환자를 서울대병원 본원과 분당서울대병원, 그리고 보라매병원으로 분산한 뒤 수술에만 전념했다. 일주일에 3일은 서울대병원 본원에서 수술과 외래를 보고, 목요일과 금요일은 각각 분당서울대병원과 보라매병원에서 수술을 하는 일정을 몇 년째 지속하고 있었다.

수술용 로봇을 만난 그 날은 분당서울대병원에서 수술이 있는 날이었다. 아침 일찍 병원에 도착해서 부지런히 복도를 걸어가는데, 어느 방 앞에 사람들이 모여 있었다. 안면이 있는 레지던트에게 말을 걸었다.

"거기서 뭐해? 왜들 그러고 있어?"

"여기가 로봇 방이랍니다."

"로봇?"

"비뇨기과에서 쓰는 수술용 로봇이라는데요?"

"야, 그거 나도 좀 구경하자."

비뇨기과의 홍 교수가 나를 로봇기계로 안내해 주었다. 다빈치 로봇에는 의사의 손을 대신할 네 개의 팔이 있었는데, 그 끝에는 카메라와 연필 크기의 작은 수술기구들이 달려 있었다.

"이걸 어떻게 움직이는 거야?"

"의사가 수술대 건너편의 콘솔Consolbox에 앉아서 고해상도의 3차원 입체영상을 보면서 로봇의 움직임을 제어하는 겁니다. 로봇 팔에 특별한 소프트웨어가 내장돼 있기 때문에 손떨림hand tremor을 최소화할 수 있고, 5~8㎜의 작은 로봇 팔로 기존에 불가능했던 정밀한 시술이 가능합니다. 섬세하고 정교한 수술로 신경이나 혈관 손상 등 합병증이 거의 없기 때문에 저희 비뇨기과에서는 전립선암 등의 치료에 좋은 효과를 기대하고 있습니다."

"이야! 이거 괜찮은데?"

어쩌면 이 수술용 로봇을 갑상선수술에도 적용할 수 있겠다는 생각이 들었다. 나는 곧 서울대병원 본원에 있던 이규언 교수를 분당으로 불러들였다.

"이 선생 이것 좀 봐봐. 어때? 이거 우리 갑상선수술에 적용하면 좋을 것 같지 않아?"

"와, 괜찮겠는데요?"

"바로 한번 해 보자."

그때 우리를 도와준 이가 지금 수간호사가 된 양재선 간호사였다. 양 수간호사는 미국에 있는 로봇 회사에 가서 교육을 받고 왔기 때문에 로봇 작동하는 법을 잘 알고 있었다. 우리는 양 수간호사의 도움을 받아 로봇 시스템 작동법을 익히고, 마네킹을 이용해서 도상작업을 하는 등 갑상선 수술에 맞게 세팅을 완료했다. 그런 과정을 거쳐 바바BABA 로봇 갑상선 절제술을 개발하게 된 것이다.

옛날에 우리 스승들은 'Big surgeon Big incision'이라는 말을 입에 달고 살았다. '훌륭한 외과 의사가 되려면 크게 째라'는 얘기다. 이유는 간단하다. 크게 째야 안이 잘 보이기 때문이다. 그러나 오늘날은 사정이 많이 달라졌다. 과학기술의 발달에 힘입어 외과 수술도 안전하고 통증이 적고 흉터를 적게 남기는 방향으로 발전해 왔기 때문이다.

이제 외과 의사들은 크게 째지 않아도 얼마든지 훌륭한 의사가 될 수 있다. 루페라는 고배율 수술용 확대경을 이용하면 실물 크기의 두 배 반까지 확대해서 볼 수가 있고, 로봇을 이용하면 열다섯 배까지도 확대가 가능하기 때문이다.

또, LED 기술의 발달과 함께 조명에 대한 고민도 사라졌다. 휴대용 충전기를 이용해서 간편히 불을 밝히는 부속기가 나와서 조명기를 루페에 부착하면 선명한 시야를 확보할 수 있다. 외과의사라면 누구나 느끼겠지만 수술장에서 선명한 시야만큼 중요한 것도 없다. 수술 잘하는 것은 두 말 할 것도 없이 외과 의사의 기본이지만, 그것을 뒷받침할 수 있는 첨단 의료기를 적절히 사용하는 지혜가 필요하다고 생각한다.

　그러나 인간은 습관의 동물이라 새로운 기기, 새로운 수술법이 나오면 그에 저항하는 사람이 있기 마련이다. 로봇을 이용한 수술 효과가 기존 수술과 큰 차이가 없다던가, '감각이 무디다'든가 하는 이야기가 그것이다. 그러나 그건 안 해 본 사람들의 이야기일 뿐이다. 내시경 수술이 처음 도입될 때도 안 해 본 사람들은 '감각이 무디다'고 말했다. 누가 뭐래도 개복에서 내시경으로, 내시경에서 로봇수술로 이어져온 과정은 외과 수술을 한 차원 발전시킨 '위대한 진화'라고 확신한다.

국립중앙의료원의
변화를 주도하다

국립중앙의료원은 전국의 지방 의료원과 함께 공공 의료를 담당하는 유일한 병원이다. 6·25전쟁으로 폐허가 된 한국에 병원선을 보내는 등 인도적 지원을 아끼지 않은 덴마크, 노르웨이, 스웨덴 스칸디나비아 3국과 UN한국재건단의 지원으로 1958년 11월 을지로6가에 문을 열었다.

서울 한복판에 세워진 450병상의 이 현대식 병원은 우리나라는 물론 아시아에서도 비교 대상이 없는 최신식 병원으로, 우리나라 의료의 수준을 끌어올리고 수련 시스템 발전시키는 데 지대한 공헌을 했다. 나 역시 의대생 시절에 국립중앙의료원으로 실습을 다니던 기억이 아직도 생생하다.

하지만 언젠가부터 국립중앙의료원은 소외 계층이 주로 찾는 낙후된 병원으로 인식되기 시작했다. 우리 사회가 빠르게 발전하면서 최신식 의료시설과 장비를 갖춘 대형병원들이 도처에 들어서는데, 국립중앙의료원은 낡은 의료 시설과 진료 서비스를 개선하지 못하고 경쟁력을 잃어 갔기 때문이다.

과거에는 진료비가 저렴하다는 것이 큰 장점이었지만 1인당 국민총소득GNI
이 3만 달러를 바라보는 지금 돈 몇 푼 아끼기 위해 의료원을 찾을 사람이 얼
마나 되겠는가.

2011년 국립중앙의료원 원장으로 취임한 나는 의료원을 신개념 공공의
료의 개념에도 변화가 필요하다고 판단하고, 의료원을 합리적인 진료비와 양
질의 의료 서비스를 제공하는 기관으로 변모시키겠다고 천명했다. 보건복지
부 직영으로 운영되던 의료원이 특수법인으로 재탄생된 뒤라 자율운영이 가
능한 시점이었다.

어느 정도 예상은 했었지만 막상 의료원에 가 보니 모든 것이 엉망이었다.
워낙 오래된 건물인 데다가 송파구 원지동 이전 계획이 잡히고 난 뒤로 전혀
손을 보지 않아 곧 철거를 앞둔 노후 건물처럼 어둡고 지저분하고 을씨년스
러웠다. 병원이 좀 환하고 쾌적해서 환자들의 기분을 산뜻하게 북돋아주는
맛이 있어야 하는데, 일부러 시간을 내서 방문한 사람도 발길을 돌리고 싶을
정도로 분위기가 우중충했다.

원지동으로 갈 때 가더라도 진료의 전문성과 환자의 만족도를 높이기 위
해서 최소한의 리모델링은 반드시 필요했다. 나는 내·외과 외래 시설을 중심
으로 의료원을 리모델링하도록 지시하고, 노인층이 많은 지역적 특성을 고
려하여 심혈관센터와 갑상선센터, 당뇨내분비센터 등을 신설하였다. 또, 불
의의 재난 상황에 효율적으로 대비할 수 있도록 응급의료지원 시스템을 구
축하였다.

리모델링만큼이나 중요하고 시급한 것이 의사들의 수준을 높여 진료 서
비스를 향상시키는 일이었다. 의료원에서 근무하는 직원들이나 의사들도 자

국립의료원장 시절 집무실에서

기 가족이 아프면 다른 대학병원으로 보내는 게 당시 의료원의 뼈아픈 현실
이었다.

　나는 의사 월급을 대폭 인상하고 서울대학교 병원 등 국내 유수의 병원에
재직 중이거나 정년퇴임한 분들 중에서 명망 있고 실력 있는 분들을 초빙했
다. 이비인후과의 민양기 교수, 내과의 윤용범·이광우 교수, 피부과의 윤재일
교수 등이 그때 들어오신 분들로 다들 자기 분야에서 명의名醫 소리를 듣는 분
들이다. 또한 서울대 출신의 의욕적인 젊은 의사들을 대거 끌어들여 의료진
의 중추를 형성케 했다.
　의료원을 찾는 환자의 3분의 2 이상이 취약 계층이라는 점을 감안하여 진

료비는 합리적인 선에서 조정했다. 검진 비용은 대학병원의 60%, 입원비는 대학병원의 30% 수준으로 맞췄으며, 상급 2인 병실의 사용료는 1일 3만~6만 3000원으로 책정했다. 상급 종합병원의 2인실 입원비가 1일 10만~20만 원인 것을 감안하면 상대적으로 저렴한 금액이라고 할 수 있다.

공공 의료 기관으로서 의료원의 사회적 책무를 다하기 위해 시민들을 위한 다양한 의료 프로그램도 마련했다. 의료원을 찾는 환자분들 중에는 나이 지긋하신 분들이 상당히 많았는데, 그 분들을 대상으로 당뇨교실, 금연교실, 갑상선교실 등을 진행하여 좋은 반응을 얻었다.

의료원의 변화를 주도하는 과정에서 가장 힘들고 보람 있었던 일은 국립중앙의료원의 원지동 신축·이전 사업에 대한 국회의 승인을 얻어 낸 일이었다. 사실 의료원의 원지동 이전은 이미 11년 전에 결정된 사안이었는데, 막대한 이전 비용을 이유로 예산 승인이 미뤄진 것이다. 의료원 부지를 팔아서 이전하는 것으로 사업 내용을 바꿨지만 상황은 달라지지 않았다.

나는 이 해묵은 과제를 임기 내에 해결하기 위해 국회와 기획재정부를 줄기차게 드나들며 한 사람 한 사람을 만나 끈질기게 설득했다. 그리고 마침내 2014년 1월, 국립중앙의료원의 원지동 신축·이전 사업에 대한 승인을 얻어낼 수 있었다. 공공의료를 선도하는 국립중앙의료원의 원지동 시대를 연 것이다.

국립중앙의료원이 서초구로 이전한다고 하여 공공의료기관으로서의 역할을 포기한 것이 아니냐는 지적이 많은데, 결코 그렇지 않다. 원지동에 세워질 국립중앙의료원은 일반 병원 기능보다도 공공의료의 기능이 더욱 강조되게 된다. 중환자실과 외상병상을 갖춘 국가중앙외상센터가 세워질 것이고,

SARS나 결핵, AIDS, 에볼라와 같은 치명적인 전염병을 차단하고 관리하는 감염병센터도 만들어진다.

외상센터가 정상적으로 가동되려면 구조헬리콥터의 이착륙이 가능해야 하는데, 그러자면 복잡한 시내보다는 한적한 원지동이 최적의 장소인 것이다. 바로 옆에 고속도로가 있고 헬리콥터 착륙장을 조성하기도 용이하기 때문이다. 고도 격리 병상과 생물 안전 등급 4등급BL4 실험실을 갖춘 감염병센터도 사실 서울 시내에 조성하기에는 적합하지 않다.

내가 원장으로 재직한 2년 동안 국립중앙의료원은 '이름만 안 바꾸고 다 바꿨다'는 소리를 들을 정도로 엄청난 변모를 거듭했다. 건물이 바뀌고, 의료진이 바뀌고, 서비스의 질이 달라졌다. 오랜만에 병원을 방문한 환자들은 '천지가 개벽했다!'며 혀를 내둘렀다.

자연히 병원을 찾는 환자들의 발길도 늘어 첫해에만 환자 수 6.5% 증가, 진료 수입 100억 증가라는 놀라운 실적을 거둘 수 있었다. 환자가 폭증하자 한산하던 주차장이 차 댈 곳이 없이 꽉 들어차 주차 문제를 해결하라는 민원이 빗발쳤다. 지금 생각해도 '그 짧은 기간에 어떻게 그 많은 일을 할 수 있었을까' 싶을 정도로 내 모든 열정을 원 없이 쏟아 부은 시간이었다.

그러나 아직 의료원에는 풀어야 할 숙제들이 산적해 있다. 이제 나는 현직에서 물러나 또 다른 도전을 시작하고 있지만, 한때 열정을 바쳤던 국립중앙의료원이 일신우일신日新又日新하여 마침내 우리나라의 의학을 선도하는 공공의료기관으로서 과거의 화려한 명성을 되찾기를 진심으로 기원한다.

'정치'하는
의사

솔직히 고백하건대, 철없던 시절에는 운동선수나 연예인 같은 사람을 은근히 얕보는 마음이 있었다. 학창시절부터 운동만 하고 춤만 추고 노래만 불러 온 사람들이 어찌 인생을 알고 철학을 알 것인가⋯⋯. 그야말로 오만이 하늘을 찌르던 시기의 철없는 생각이었다.

운동이든 학문이든 예술이든, 한 분야에 일생을 던진 이들에게는 인생에 대한 '한 생각'이 있는 법이다. 인생을 터득하는 방법이 다를 뿐 그들에게도 장인정신이 있고 철학이 있다. 그들이 올곧게 바친 수십 년 세월의 깊이를 결코 과소평가해서는 안 된다.

오히려 공부밖에 모르고 자란 변호사나 의사들 중에 자기밖에 모르고 인성적으로 결함이 있는 사람이 더 많다. 물론 내 주관적인 생각이고, 훌륭한 변호사나 의사들도 많으니 오해 없길 바란다. 변호사나 의사들은 어릴 때부터 귀에 인이 박히게 '잘한다', '잘한다' 소리를 듣던 사람들이다. 떠받들며 키워진 탓에 성격들이 굉장히 자기중심적이고 외곬인 경우가 많다. 그런 사람들의 특징은 남들과 타협하고 화합할 줄을 모른다는 것이다.

일본 큐슈 현 벳부의 노구치크리닉에서
Dr.히로 노구치 병원장과 함께

1996년 제네바에서 고 이종욱 WHO 사무총장과 함께.
WWW(World Wild Wow) 나의 인맥, 비공식 복수전공인 정치 전공의 시작

예전에 우리 외과에서 잡무를 보던 친구가 병원을 그만두면서 남기고 간 말이 있다.

"서울대학교 의과대학 교수 하면 굉장히 많이 배운 인텔리들이니까 보통 사람들하고 다를 거라고 생각했어요. 그런데 막상 여기 와서 일해 보니 오히려 보통 사람들보다도 못한 분들이 더 많더군요. 사람에 대한 예의도 없고, 다른 사람의 입장이나 어려움에 대한 배려가 전혀 없어요."

아마 그 친구가 본 모습이 가장 정확한 우리들의 자화상일 것이다. 서울대 의대를 나와 서울대 의대 교수가 된 이들의 자부심은 하늘을 찌른다. 남에 대해서는 무례할 정도로 엄격한 잣대를 들이대면서, 자기 자신의 문제는 인정하지 않고 남의 비판을 겸허하게 수용할 줄 모른다. 무조건 자기가 옳고, 혼자 잘났기 때문이다.

이런 사람들을 볼 때마다 옛날에 다녔던 교회의 장로님이 생각난다. 신학대학 나와서 목사 안수까지 받은 분이었는데, 어느 날인가는 몹시 언짢은 얼굴로 이런 말씀을 하셨다.

"제일 골치 아픈 게 이 예수교 믿는 사람들이야."
"왜 그러세요?"
"안 믿는 사람들은 술 한 잔씩 하면서 서로 터놓고 대화하다 보면 상대방 입장도 알게 되고 어느 정도 타협이 되잖아? 그런데 믿는 사람들끼리 붙으면 대책이 없어. 서로 자기가 생각하는 것이 하나님 뜻이라고 우기면서 타협을 못하는 거야. 말로는 하나님, 하나님 하지만, 결국은 하나님을 등지고서 자

2005년 일본 후생성 차관과 일본 응급의학 opinion leader들과의 회의.
나의 비공식 전공인 정치 전공의 화룡점정

1997년 멕시코 세계 외과학회 발표 후.
대한외과학회 총무시절, 경희대 주홍재 교수와 함께. Ole~!!!

기주장만 하는 꼴이지."

의과대학에서 매일 만나는 의사들의 모습도 다를 것이 없다. 일 거드는 아이가 인사를 할 때 머리만 숙이는지 엉덩이까지 들고 하는지 좀스럽게 따지고 성을 내는 의사들을 보면 괜히 내가 부끄럽고 얼굴이 뜨끈해진다. 그나마 교수니까 대학사회에서는 그런 방식이 통할지 몰라도 어디 가서 그런 식으로 해서는 살아남을 수나 있겠는가. 그나마 나는 폭넓게 사람을 만나고 두루 세상을 경험해 봤기 때문에 좀 나은 편이지만, 퇴임할 때까지도 자신의 문제가 뭔지도 모르고 떠나는 사람이 수두룩하다.

외부에 아는 사람도 많고 릴레이션십이 좋은 편인 나는, 이런 의사들의 세계에서 굉장히 예외적인 존재다. 대놓고 '정치 잘하는 사람'이라고 말하는 이들도 있다.

"윤 선생은 '정치과' 나온 사람이잖아."

굳이 부인할 생각은 없다. 실제로 내 주변엔 의사들뿐 아니라 다양한 분야에서 활동하는 친구들이 많다. 그들과의 끊임없는 만남과 대화 속에서 세상과 인생에 대한 귀한 깨달음을 얻었고, 나 자신을 돌아볼 기회도 많이 갖게 되었다. 내가 만나는 한 사람 한 사람을 소중히 생각하고, 좋은 영향을 주고받고, 화초를 키우듯 성실하고 정성스럽게 인연을 키워가는 것이 '정치'라면 나는 얼마든지 '정치가'로 살고 싶은 사람이다.

진인사대천명
盡人事待天命

내가 철칙으로 생각하는 것이 하나 있다. '환자의 생명에 관한 건 거짓말하지 마라'는 것이다. 사고가 났다면 솔직하게 인정해야 비슷한 실수를 반복하지 않을 수 있다. 제자들에게도 항상 당부하는 것이 그것이다.

"환자의 생명에 관한 건 거짓말하지 마라."

수술에 따른 합병증의 70~80%는 수술장에서 생긴다. 수술장은 한 치의 실수도 용납되지 않는 공간이다. 그러나 의사도 인간인지라 때로 예기치 않은 일이 벌어질 때가 있다. 문제는 그 다음이다. 실수가 드러나면 곧바로 잘못을 시인하는 사람이 있는가 하면, 거짓말로 적당히 둘러대는 사람이 있다. 거짓말을 하면 교수가 모를 거라고 생각하겠지만 천만의 말씀이다. 환자 상태만 봐도 어디에서 실수가 있었는지 금방 알 수 있다.

요즘 유행하는 말로, '젊어 봤기' 때문이다. 우리들도 인턴 시절, 레지던트 시절 다 겪어 봤기 때문에 밑에서 일이 어떻게 돌아가는지 훤히 알고, 레지던트들의 섣부른 거짓말을 대번에 알아차릴 수가 있다. 거짓말이 위험한 것은 그것이 또 다른 거짓말을 낳기 때문이다. 그러면 또 그 거짓말을 은폐하기 위해서 다른 거짓말을 하게 되고, 평생 그렇게 거짓말이 쌓이면 어찌 환자들의 신뢰를 받는 의사가 될 수 있을 것인가.

제자들에게 그렇게 가르치려면 나부터가 거짓말을 하지 말아야 한다. 내가 실수를 만회하기 위해서 거짓말을 한다면 과연 제자들이 모르겠는가? 내가 제자들이 속을 훤히 꿰뚫는 것처럼 제자들도 스승의 뻔한 거짓말을 익히 잘 알고 있다. 같은 공간에서 늘 함께 부딪치며 일하고 있기 때문이다.

교수가 한 순간의 난처함을 모면하기 위해 거짓말을 하거나 책임을 다른 이에게 전가한다면 누가 그를 스승으로 믿고 의지하겠는가. 내가 가르치는 제자나 후배들로부터 신뢰를 잃는다면 모든 것을 잃는 거라고 나는 생각한다. 그래서 후배들에게 이런 말을 종종 한다.

"내가 입장이 정 난처하면 얘기를 안 하면 안했지, 너희들한테 거짓말은 절대 안 한다."

환자 보호자에게도 솔직하게 이야기할 필요가 있다. 문제가 생겼다면 그 원인이 판단 미스였든 불가항력적인 상황이었든 있는 그대로 사실을 이야기해야 한다. 그래야 후배나 동료의사들의 신뢰를 얻을 수 있고, 환자들도 감정을 누그러뜨리고 보다 객관적으로 상황을 볼 수 있게 된다.

언젠가 나는 환자 보호자에게 '나를 고소하면 보상을 받을 수 있다'는 이야기까지 한 적도 있다. 의사로서는 당연히 불명예스러운 일이지만 그 상황에

사랑스러운 딸을 시집보내며

서는 최대한 환자 가족의 감정과 입장을 고려하여 대처하는 것이 옳다. 처음부터 끝까지 진실하고 솔직한 태도로 보호자들을 대하면 언젠가는 나의 진심을 알아주게 돼 있다. 모든 것이 사람 대 사람의 일이기 때문이다.

의료 사고는 어쩌면 우리 의사들에게는 숙명과도 같은 것이다. 특히 나처럼 일 년에 수백 건씩 수술을 하는 사람은 피해 갈 수 없는 불행이다. 물론 수술을 많이 하면 할수록 자기 나름대로 사고를 피할 수 있는 노하우가 생기고, 합병증이 생길 확률도 그만큼 떨어진다.

그러나 수술을 집도할 때마다 매번 최선을 다하고 신중에 신중을 기하지만 뜻밖의 상황이 벌어질 때가 있다. 사람의 몸이란 게 일정하지가 않기 때문이다. 어떤 사람은 이런 모양, 어떤 사람은 저런 모양 각양각색이다. 기계는 일정한데도 에러가 나는데, 각양각색인 사람의 몸이 오죽하겠는가.

분명히 왼쪽 갑상선을 수술했는데 건드리지도 않은 오른쪽 성대가 마비되는 일도 있고, 그 반대인 경우도 있다. 한번은 수술도 시작하기 전인데 환자 상태에 이상이 온 경우가 있었다. 누군가의 잘못이 있었다는 이야기다. 마취에서 문제가 생겼을 가능성이 크다고 판단했지만, 당사자가 아니라고 펄쩍 뛰는 데야 도리가 없다. 결국 내가 그 책임을 안고 갈 수밖에 없었다. 수술이란 게 협업으로 진행되는 것이지만 최종적인 책임은 집도의인 내 몫이기 때문이다.

그래서 내 평생의 좌우명은 진인사대천명盡人事待天命이다. 사람이 할 수 있는 일을 다 한 뒤 하늘의 뜻을 기다린다는 말이다. 의사로서 내가 할 수 있는 최선을 다했는데도 의도치 않은 결과가 빚어졌다면 그걸 어떡하겠는가? 인간의 한계라고 생각하고 그 결과를 겸허히 받아들일 수밖에 없는 것이다.

CHAPTER 6

헬로, 미스터 바바
제자들의 이야기

윤여규 원장님의 제자들을
인터뷰한 내용 중에서 윤여규 원장님의
인품이나 철학이 드러나는 대목을
간추려 소개한다.

내 인생의 큰 어른

그 왜, 내리사랑이라는 거 있죠? 위에서 계속해서 베푸는 거, 아무 조건 없이 베풀고 거기에 대한 대가를 바라지 않는 거……. 조건 없는 내리사랑이죠. 아무리 스승이고 선배라도 그렇게 해 주시는 분이 없을 겁니다. 제 인생이 이만큼 오게 된 70% 이상은 제 능력이 아니라 윤여규 선생님의 조건 없는 내리사랑 덕분이었다고 생각합니다. 나름대로 제 분야에서 할 수 있는 건 다 해 봤으니까요.

리더가 갖춰야 될 가장 중요한 덕목은, 구성원들이 열심히 재밌게 일할 수 있는 분위기를 만들어주는 거라고 하잖아요? 윤여규 선생님은 바로 그런 덕목을 갖춘 분입니다. 신기한 게, 윤여규 선생님께 감사하는 마음이 들 때마다 제 밑에 후배들과 제자들한테 더 잘하게 돼요. 저도 모르는 사이에 선생님의 길을 따라가고 있더라구요. 윤여규 선생님이 사랑만 주신 게 아니라 그 사랑의 정신과 기조까지 주신 것 같아요. 제 인생의 큰 어른이시죠.

멋있고 화끈한 외과의사의 전형

본과 3학년 때 윤여규 선생님을 처음 만났어요. 우리 조의 교육담당 수석 레지던트였죠. 많이 가르쳐주셨어요. 우리가 어려워하는 수술방법 같은 걸 쉽게 쉽게 잘 설명해 주셨어요. 학생들이 다 윤여규 선생님을 좋아했어요. 우리가 속된 말로 화끈하다고 하잖아요? 스승이자 선배로서 화끈한 모습을 보여주셨죠. 아는 것도 많고, 다른 과보다 좀 리딩하는 모습을 보여주면서 학생들한테 '아, 외과의사가 참 멋있구나. 외과 하면 재미있겠구나' 하는 생각을 심어주셨죠. 우리가 상상할 수 있는 멋있는 외과의사의 전형이라고 생각하시면 돼요. 외과의사로서 수많은 도전을 해서 새로운 영역을 많이 개척하셨고, 제자들을 좋아하고 많은 걸 베풀어 주셨던 분이었고, 지도력이 있는 분이었고, 의리가 있는 분이시죠.

서길준 선생 부친상 때였어요. 한 십 년 됐을 겁니다. 보통 그런 자리에 가면 상주한테 예를 표하고 한 시간 정도 앉아 있다가 가지 않습니까? 우리도 그럴 생각이었죠. 그런데 상가喪家에 가보니 윤여규 선생님이 딱 앉아 계시는 거예요. 사랑하는 제자 아닙니까? 밤늦게까지 상가를 지키시면서 후배들이나 제자들이 오면 옆에 앉혀놓고 술 따라 주시고 재밌는 말씀도 해주시고……. 그러니까 애들이 움직이지 못하는 거예요, 아무도. 아마 다들 그렇게 느꼈을 텐데, 사랑하는 제자의 상가를 끝까지 지키시던 그날 선생님의 모습이 굉장히 인상적이었어요. 가슴이 뭉클해진다고나 할까요? 사제지간의 사랑을 그렇게 표현하시는 분이에요. 그런 따뜻하고 인간적인 면이 있으니까 선생님을 따르는 사람이 그렇게 많지 않나 생각합니다.

구세주처럼 '짠' 하고 나타나신 과장님

병원에서 살다시피 하던 어느 가을 주말에 윤여규 과장님에게 전화가 왔습니다. 치대학장님이 자동차 사고로 음성성모병원에서 심폐소생술을 하였으나 회복 못하시고 돌아가셨다고, 곧 응급실로 갈 테니 유족에게 사체검안서를 작성해 드리라는 말씀이셨습니다. 그리고 몇 시간이 지난 후 구급차가 오고 직접 구급차에서 사망 확인을 하고, 구급차는 영안실로 가고 저는 사체검안서 작성을 하였습니다.

그런데, 이삼 주 후 부원장실에서 검안서 문제로 음성경찰서에서 병원에 조사를 나왔다고 저를 찾는 것이었습니다. 무슨 일인가 하고 과장님께 보고과장님이 뭐든지 보고하라고 하셔서 후 부원장실에 갔습니다. 사건은 안개구간에서 10중 추돌사고였는데, 치대학장님이 사고 후 차 밖에 나와서 안개에 발을 헛디뎌 아래 벼랑으로 떨어지셔서 다치셨다고, 사고유형이 교통사고가 아니라 추락이 아닌가 하는 것이었습니다. 보험, 운전자 과실 등 여러 가지 복잡한 문제가 있었나 봅니다.

경찰관과 S 부원장님이 취조하듯이 물어보고 있는데, 과장님이 급하게 들어오셨습니다. 그리고는 이제 질문을 모두 본인에게 하라고 표 선생은 나의 지시를 받고 작성한 것이니 지시를 내린 본인에게 하는 것이 맞다고 하시면서, 저는 가서 환자 보라고 하셨습니다. 그때 S 부원장님이 화를 내시면서 두 분이 조금 격하게 다투셨습니다. 그 일 이후로 호형호제하며 사이가 좋으셨던 두 분이 소원해지시고, 과장님이 어려워지셨던 적도 있었던 것으로 압니다.

그 일은 다 해결되었고 그때 짠하고 나타나신 과장님은 제겐 구세주였습니다. 병원 생활을 해 보면 문제가 생기면 아랫사람에게 모든 책임을 전가하는 경우를 종종 보게 됩니다. 저는 과장님에게 배운 대로 살아가려고 하고 있습니다.

박사과정 2년 만에 끝내보지 않겠나?

추진력이 정말 대단한 분이죠. 석·박사 하면서 그걸 크게 실감한 적이 있어요. 원래 제 석사과정 지도교수님은 김수태 교수님이었는데, 석사를 마치기도 전에 정년을 하시게 된 거예요. 그래서 석사를 마무리해 주실 연구역량 있는 교수님을 알아보다가 윤여규 교수님이 맡아 주시기로 결정이 된 겁니다. 당시 윤여규 교수님은 연수를 막 갔다 오셨을 때라 동물 실험실도 갖고 계시고 연구를 엄청나게 하실 때였거든요. 교수님하고 실험을 쭉 같이 하면서 석사과정을 마무리했는데, 하루는 저한테 그러시는 거예요.

"S 교수, 박사과정 2년 만에 끝내보지 않겠나?"
"그게 가능하겠습니까?"

도저히 믿기지가 않았죠. 당시 외과 박사과정을 2년 만에 끝낸 사람은 없었습니다. 빨리 끝내야 2년 반, 대부분 3~4년 걸리는 게 보통이었죠. 2년에 끝내려면 6개월 만에 연구계획서가 나와야 되고, 1년 만에 실험 끝내고 심사를 받는 아주 타이트한 일정을 소화해야 하거든요. 그런데 교수님은 '한번 해보자'는 거예요. 반신반의하면서 결국 교수님 하자는 대로 했는데, 진짜 박사를 2년 만에 받았습니다. 2년 만에 받은 건 제가 최초였어요.

운명의 선택, 평생의 멘토

　선생님의 첫인상은 누구나가 동의하듯 무서운 분이라는 것이었다. 육척 장신에 8과 ½이라는 전대미문의 장갑 크기를 자랑하는 분이시니 순진무구한 전공의 일년차 입장에서는 당연히 부들부들 떨리지 않았겠는가. 첫 수술이 무엇이었는가는 생각나지 않지만 타이가 무지하게 많았다는 것은 기억이 나고 수술이 끝난 뒤 당시 수석전공의가 손을 부들부들 떨었다는 것도 기억이 난다.제일 힘든 타이라고 했지 싶다. 왜 그렇게 힘든 tie를 요구하셨는지 요즈음에야 납득이 가기는 해도 아주 가는 혈관도 모두 가장 secure한 tension tie를 요구하셨으니까 tie 술기가 가장 물이 오른 수석 전공의 시절이나 가능한 일이지 지금 나에게 하라고 하면 못할 것이 확실하다. energy device로 수술하는 요즘 전공의들은 복 받은 것일 게다.

　전공의 2년차 말 대학원 시험에 합격한 후 운명의 시간은 다가왔다. 당시 대학원 지도교수 선정은 학생이 선생님 세 분을 1지망 2지망 3지망으로 선택하도록 되어 있었다. 나의 취향은 내분비보다는 유방이었기 때문에 당연히 1, 2지망으로 유방전공의 두 분 선생님을 기입한 후 3지망은 그야말로 써보는 것에 불과하였다. 그 마지막 여백에 윤여규 선생님을 기입한 것은 어떤 이유에서였는지, 그분이 나의 지도교수로 결정된 것은 또 어떤 섭리에서였는지

나는 아직도 그 이유를 모른다. 그 아무도 모르는 이유로 나는 윤여규 선생님을 스승님으로 모시기 시작했고 그렇게 시작된 인연은 지금까지 이어지고 있으며 내 인생의 고비 고비마다 가장 훌륭한 멘토로서 변함없는 모습으로 옆에 계신다.

내 수술 실력의 밑천인 윤여규 선생님

　내가 공보의를 마치고 전임의를 시작하면서 선생님을 지도교수로 모셨으니 올해가 꼭 십 년째가 되는 것 같다. 전임의를 처음 시작할 때는 병원을 떠나 40개월을 일반인과 다를 바 없는 일상을 보내다가, 다시 병원에서 빡빡한 생활을 시작하니 그야말로 정신이 없었다. 거기다 선생님이 가끔 호되게 혼을 내실 때가 있는데 그때는 말 그대로 혼비백산하는 느낌이었다. 전임의를 같이 시작한 정유승 선생이 많이 도와주었지만, 병실, 수술실 가리지 않고 실수를 연발하여 야단맞는 것도 힘들고, 또 내 실수로 말미암아 환자들이 피해를 보는 것 같아서 괴로워서 스스로 자책하는 하루들의 연속이었다.

　병원에 복귀하고 1개월이나 지났을까? 어느 날 선생님이 수술을 처음부터 집도하시면서 평소와는 달리 아주 자상하게 과정을 하나하나 천천히 수술이 끝날 때까지 설명을 해주시는 것이었다. 나중에 알고 보니, 내가 지쳐 힘이 없어 보였는지 전임의 한 해 선배인 최준호 선생님이 윤여규 선생님께 강경호가 힘들어 하니 좀 덜 혼내고, 잘 타일러 주십사 하고 귀띔을 했었더랬다. 그런데 그 이후에는 일이 손에 익어서 그랬는지 아니면 선생님이 혼을 안 내시려고 마음을 자셨는지 크게 야단맞는 일이 없었고, 그 때 수술실에서 해주신 자상한 수술 설명은 물론 지금까지도 내 수술 실력의 밑천이 되고 있다.

항체를 만들지 마라

아침에 제일 먼저 오시는 선생님이셨어요. 펠로우들은 한참 전에 와서 선생님들을 기다리는데, 이렇게 바깥의 발자국 소리에 귀를 기울이면 언제나 제일 먼저 오시는 선생님이 윤여규 선생님이셨어요. 아침에 오시면 항상 '오늘의 할 일'을 탁탁탁 써놓으시고 하나씩 지우시면서 일하셨죠. 한 시간도 허투루 낭비하지 않고 계획한 것을 하나하나 실행하면서, 정말 하루를 꽉 채워서 사는 분이라고나 할까요? 하지만 또 제일 먼저 퇴근하시는 선생님도 윤여규 선생님이셨어요. 저녁은 항상 약속이 있으셨거든요.

그렇게 새로운 것을 실행해 나가시면서도 늘 주변을 돌아보며 제자들을 챙기시고, 누가 어디 간다고 그러면 금일봉 주시고 그런 걸 정말 잘하셨어요. 우리한테도 제일 강조하셨던 것이 인화였죠. 항상 하시는 말씀 중의 하나가 '안티바디를 만들지 마라', 안티바디가 의학용어로 항체거든요. 우리가 예방접종 맞는 게 우리 몸에 항체를 만들어서 병균을 격퇴하려고 하는 거잖아요. 저보고 항상 하시는 말씀이 '항체를 만들면 안 된다'는 것이었어요. 어디 가서 너무 돋보이거나, 직언을 하거나 그러면 내가 뭔가 했을 때 주변 사람들이 다 항체가 돼서 나를 격퇴해 버리기 때문에 은근슬쩍 스며들어야 된다. 항체를 만들지 말라고 하셨던 말씀이 늘 기억에 남습니다.

인생을 꽉 채워 사시는 분

　일본이나 미국, 유럽의 학회에 가면 전임의들이 선생님을 모시고 다녀야 되는데, 항상 윤 선생님께서 가이드를 다 해 주세요. 특히 선생님께서 일본어를 워낙 잘하시고 아는 친구분들도 많거든요. 일본에 가서 저희가 그냥 우두커니 있으면 '야, 이리 와. 여기 맛있는 집 있다' 하면서 저희들을 데리고 다니시고, 하루는 꼭 시간을 내서 일본 친구분하고 다 같이 식사하는 자리를 만드세요. 국내학회에서도 마찬가지예요. 부산이나 대구, 광주 같은 데 가시면 꼭 한 끼는 선생님 아시는 분을 부르셔서 같이 어울려 식사하게 하세요. 그러니까 항상 잠깐이라도 어디 가실 때는 반드시 누구를 만난다거나 어떤 것을 해야겠다는 계획을 세워놓으시는 것 같아요.

　그리고 독특한 게 운전하는 걸 되게 좋아하세요. 미국 학회 가면 꼭 차를 렌트하셔서 우리 다 태워가지고 '어디 가 볼래? 나사NASA 가 볼래?' 하시며 나사에 데리고 갔다가 밥 사주시고 술 사주시고, 제자들이 술이 취해 뻗어 버리면 다시 또 차에 태워서 밤새 운전해가지고 데리고 오시는 거예요.

　학회에 오시는 선생님 연배의 교수님들은 두 가지 타입이 있어요. 학회에 계속 앉아 계시는 분, 아예 학회에는 안 오시고 쉬거나 노는 분. 그런데 윤여규 선생님은 '학회 할 때는 열심히 하고 놀 때는 열심히 놀자'는 주의세요. 학회 할 때는 맨 앞자리에서 열심히 듣고 질문도 하고 그러시다가 쉴 틈에는 또 '우리 여기 왔으니까 ○ ○ ○ 는 꼭 가 봐야 돼' 하시면서 우리를 다 데리고 가시는 거예요. 전에 캐나다의 퀘벡이란 데를 갔을 때는 '얼음호텔'을 꼭 가봐야 한다고 우르르 다 데리고 가셨죠. 그런 선생님을 뵐 때마다 인생을 참 알차게, 꽉 채워서 사시는 분이구나 하는 감탄이 절로 나오죠.

내 말 무슨 말인지 알아?

산부인과 하시는 최영민 교수님이라고 계세요. 윤여규 선생님의 5~6년 후배 되는 분이죠. 어느 날 최 교수님이 미국 하버드로 연수를 가신다는 소식을 듣고 윤여규 선생님께서 방으로 부르시더래요. 갔더니 이만한 수첩을 꺼내서 펼치시더니 이 연락처 다 받아써가라고, 미국 가서 힘들 때는 이 사람들한테 연락을 하면 도움을 줄 거라고 그러시더래요. 그분들이 다 윤여규 선생님이 미국에 계실 때 친했던 분들이었죠.

그 당시 복사기가 없을 때잖아요. 최영민 교수님은 선생님이 시키시니까 그냥 받아쓰긴 하면서도 속으로는 '이 많은 연락처가 굳이 필요할까?' 하고 생각하셨대요. 그런데 정작 미국 가서는 그 연락처가 정말 요긴하게 쓰인 거죠. 아기가 갑자기 아프다든가 교통사고가 난다든가 할 때 그 리스트에 있는 분들께 연락만 하면 다들 큰 도움을 주셨다는 거예요. 지금도 그렇지만 그 당시에 미국에서 아프고 그러면 돈도 굉장히 많이 들고 힘들잖아요. 윤여규 선생님의 지인들한테 거의 공짜로 다 해결을 해서 너무너무 고마웠다고 그러시더라고요. 자기의 개인적인 인맥을 공개하는 게 사실 쉬운 일이 아니잖아요. 윤여규 선생님은 그런 도움을 주실 줄 아는 분이신 거죠. 그러니까 주변에 그렇게 사람이 많은가 봐요.

제자들하고 다 같이 뭔가 하는 걸 좋아하시고 정말 인간적인 매력이 넘치시는 분이죠. 오랜 기간 함께 해 온 제자들은 물론이고, 2년 정도 같이 했던 국립중앙의료원 직원들도 선생님을 굉장히 좋아했다고 그래요. 동기부여라고 하나요? 직원들이 일하는 걸 재밌게 느끼도록 분위기를 만드는 걸 굉장히 좋아하세요. 평소에는 검소하시지만 돈 쓰실 때는 정말 화끈하게 쓰시고, 위임하실 때는 확실히 위임을 해서 '네가 알아서 하라'고 격려해 주시죠. 저희들한테 항상 하시는 말씀이 있으세요. 이를테면 '너한테 좋은 게 나한테도 좋은 거다', 'Something new', '안티바디를 만들지 마라', '남이 안 하는 걸 하라', '오리지널을 봐라', '너무 무리하지 마' 등 무궁무진합니다.

누가 그러더라구요. '너무 무리하지 말라는 건, 지금까지 보니까 네가 무리를 안 한 것 같다'는 뜻이라고. 우리 제자들이 '어록집'을 만들어야겠다고 할 정도로 자주 들었던 말씀들이죠. 어록집 제목도 정했어요. '내 말 무슨 말인지 알아?' 아시는 분들은 다 쓰러질걸요?

영원한 파운더의 삶

윤여규 선생님의 삶은 새로운 도전을 많이 하신 개척자, 파운더의 삶이라고 할 수 있습니다. 제일 먼저 응급의학과의 파운더였습니다. 응급의학이라는 새로운 길을 개척하셨고 서울대학교 응급의학과의 A부터 Z까지를 다 완성하신 분이죠. 영양 분야도 개척하셨습니다. 외과에서 중환자 의학을 하셨는데 미국 하버드에서 연수를 하시면서 영양nutrition에 대한 연구를 많이 하셨고 제1 저자로 좋은 논문을 많이 내셨어요. 영양학에 관해서는 우리나라에서 손꼽히는 두세 사람 중의 한 분이죠. 사실은 외상도 하셨습니다. 요새 와서 외상외과가 생겼지만 선생님은 이미 이십 년 전부터 외상을 하셨고, 그때 하셨던 게 이제 효과가 나타나는 거죠.

로봇 갑상선 수술도 윤여규 선생님이 처음으로 하셨죠. 지금 우리나라가 로봇 갑상선 수술이 세계적으로 가장 앞선 나라가 된 것은 윤여규 선생님 덕분이라고 할 수 있습니다. 바바BABA라는 선생님만의 수술방법을 개발해 내신 것도 외과 의사로서는 큰 업적이죠. 수많은 외과 의사들이 있지만 어떤 새로운 영역을 개척한다는 것은 쉬운 일이 아니죠. 학회장도 많이 하셨습니다. 선생님이 새로운 영역을 개척할 때마다 해당 학회의 파운더가 되신 거죠. 갑상선외과학회, 응급의학회, 외상학회, 외과학회 뭐 이루 헤아릴 수가 없습니다.

사실 윤여규 선생님 업적과 경륜으로 보면 서울대학교 병원장이나 보라매 원장이나 분당 원장 하셨어야죠. 근데 뭐 여러 가지 하시다 보니까 그렇게 안됐는데, 때마침 국립중앙의료원 원장으로 가셔서 의료원을 많이 바꿔놓으셨죠. 제가 보기에는 지금이니까 국립중앙의료원에 대해 사람들이 좋다고 하지, 윤여규 선생님 가시기 전에는 아무도 거기서 수술 받으려고 하지 않았어요. 후진 병원이다 이거죠. 워낙 낙후돼 있으니까. 그런데 윤여규 선생님이 그 쓰러져가는 집을 수리하고 인테리어도 잘하고 아주 번듯하게 만들어놓으셨죠. VIP를 포함한 일부 갑상선 환자들도 국립의료원에 가서 수술 받을 정도로 병원의 위상을 높여 놓으셨어요.

　분당 서울대학교병원이 이렇게 훌륭하게 큰 것은 외과의 역할이 크다고 생각해요. 이 분당 외과의 파운더 역시 윤여규 선생님이셨죠. 외과가 잘 자리 잡기까지 전폭적으로 도와주셨고 당신이 직접 나와서 수술까지 해주시면서 힘을 실어 주셨죠. 그래서 사실은 주위에서 '선생님, 정년퇴임 하시면 여기 와서 일하시면 어떻겠습니까?' 하고 권하기도 했는데, 후배들한테 폐 끼치기 싫다고 나와서 개업하신 거죠. 사실 윤여규 선생님이 어떻게 기여하셨는지 분당 병원의 다른 사람들이야 잘 모르죠. 그러나 외과 사람들은 다 알죠. 윤여규 선

생님이 다 하신 거고, 분당서울대병원의 발전에 굉장히 큰 공헌을 하셨다는
것을…….

세 가지 성공비결

사실 외과 분야에서 갑상선은 당시에 굉장히 천대받는 분야였습니다. 위암 수술이나 간암 수술 같은 큰 수술만 인정해 주던 때였어요. 심지어 교수님이 수술을 집도하게 되면 4년차 전공의, 그러니까 수석전공의들이 수술을 도와주러 들어가지 않습니까. 그런데 위암이나 간암 수술 같은 데만 들어가지 갑상선은 안 들어갔어요. 갑상선은 누가 들어가느냐. 밑에 3년차 혹은 2년차들이 들어갔던 거죠. 그만큼 대우가 달랐지요. 그렇게 천대받던 학문을 저렇게 이끄신 거예요. 지금 갑상선, 어마어마하게 키워놓으셨잖아요. 환자들도 엄청나게 많고.

그 비결이 뭘까 생각을 해보면 제일 큰 게 추진력인 것 같아요. 성실은 기본적으로 갖고 계신 거니까 따로 말할 필요가 없고요. 두 번째는 굉장히 샤프하세요. 윤여규 선생님 집안이 다 서울대 나오고 그러지 않았습니까? 정말 똑똑하세요. 겉보기는 어리숙해 보일지 몰라도 난 척을 안 하셔서 그렇지 제가 봤을 때는 정말 샤프하신 분입니다. 한번 만난 사람은 다 기억하시고, 비상하게 회전이 되기 때문에 상황 판단도 빠르시고 지적인 능력도 뛰어나시지요. 세 번째가 다들 아시는 대인관계일 겁니다. 그 세 가지가 성공의 비결이에요.

그중에 어느 하나만 빠져도 이렇게 되기 힘들죠. 단순한 추진력이라든가 대인관계만 갖고는 안 되거든요. 내시경 수술법도 만들고, 갑상선 분야 로봇 다빈치 수술도 처음으로 시도하셨고, 지금 개업하셨지만 아마 제가 짐작하기에 새로운 갑상선 수술을 또 만들어내실 겁니다. 이 창의력이란 건 똑똑하지 않으면 안 나오거든요. 그런 에너지와 정신의 정수를 아낌없이 물려주셨으니 제자들이 모두 잘된 게 아닐까 싶습니다.

일을 기획하고 만들어가는 추진력

영어교과서 낸 이야기는 들으셨죠? 내과는 제가 잘 몰라서 말씀을 못 드리겠고, 외과계 수술기법이 영어교과서로 나온 거는 한국에서는 최초예요. 정말 자부할 수 있어요. 의학계에 오래 계신 교수님들이라도 교과서가 될 텍스트를 만들고 준비한다는 게 쉽지 않은 일이잖아요. 더 놀라운 건 선생님께서 그걸 준비하고 출간해 내는 과정이었어요. 2010년으로 기억되는데, 어느 날 윤여규 선생님이 영어교과서를 써야겠다고 준비를 해놓으라고 하시는 거예요. 솔직히 최준영 선생님하고 저하고 '아, 이게 진짜 나올 수 있을까?' 반신반의했어요. 그래도 준비하라고 하시니 일단 사진하고 임상 자료를 모아서 최준영 선생님하고 저하고 열심히 원고를 만들어놓기는 했지요. 선생님이 시키시는 대로 스프링 노트처럼 펼쳐 보기 좋게 만들어서 딱 가지고 있었어요.

그랬더니 진짜 그걸 가지고 외국의 학회를 다니시면서 미국의 대단하신 선생님들한테 일일이 보여주시는 거예요. 뭐 다들 윤여규 선생님하고 오랜 친구분들이셨죠. 같이 식사하시다가도 이 책을 꺼내서 이것 좀 보라고, 이게 칼라사진이 되게 많아서 눈을 확 끌거든요. 그러면 로봇수술 같은 거 다 설명하시면서 책 낼 수 있게 도와달라고 적극적으로 요청을 하셨죠. 그 자리에서 일이 성사되지 않아도 포기하지 않고 계속해서 길을 찾으셨어요. 결국 3년 만에 스프링거에서 연락이 왔어요. '그런 책이 준비가 돼 있다며? 그럼 여기서 한번 내 보자' 이렇게 해서 출간하게 된 거예요. 정말 상상도 못했던 일이 실현된 거죠. 보통사람은 스프링거 같은 유명한 출판사에서 책을 내고 싶어도 일단 거기서 먼저 제의가 와야 그때부터 준비를 하잖아요. 선생님은 그 반대셨어요. 준비를 다 해놓고 일을 되게 만드신 거죠. 선생님께서 일을 계획해서 만들어가는 과정을 보면 진짜 대단하단 생각밖에는 안 들어요.

바바^{BABA} 윤여규 선생님을 위하여

윤여규 선생님이 개발하신 내시경로봇수술 바바BABA는 양측bilateral, 겨드랑이axilla, 유방breast, 접근법approach의 약자인데요. 이 '바바'라는 단어가 스승님 또는 아버님, 나이 많은 분에게 존경을 표하는 호칭으로 쓰이기도 하더라구요. 그래서 저희가 항상 건배할 때 '바바 윤여규 교수님'이라고 이야기를 합니다.

언제부터인지는 모르겠는데 윤여규 선생님 제자들만의 독특한 술 문화가 있어요. 제자들 모임에서 술 마실 때는 윤여규 선생님부터 시작해서 차례로 돌아가면서 각자 자신만의 독특한 건배사나 구호를 외쳐야 돼요. 술도 서로 잔이 왔다 갔다 하면서 마시는 게 아니라 사람들 숫자만큼 폭탄주를 말아놓고 건배사가 하나 끝날 때마다 마시는 거예요. 30명 모이면 30잔을 마시게되는 거죠. 폭탄주를 세게 말지는 않고요. 아주 조그맣게 폭탄주를 말아서, 30잔을 마시는 동안에 모인 사람들이 다 일일이 건배사를 해야 돼요. 그렇게 30명이 30번 하면 끝나는 거예요. 그러면 이제 모임의 말단에 있는 저 같은 사람도 뭔가 한 마디 할 수 있는 기회가 있고, 오랜만에 만난 친구의 건배사를 들으며 '아, 저 친구는 요즘 어떤 생각을 하고 있구나' 하는 깨달음도 얻게되죠.

의대 마지막 학생강의, 일본 구마병원 미야우치 선생이 먼길을 달려와 참석해주어
그 자리를 더욱 빛나게 해주었다.

2012년 스승의 날 기념 제자 모임

EPILOGUE

에필로그

아내를 만난 지 올해로 43년, 결혼한 지는 40년이 되었다. 결혼 생활 40년을 돌아보노라니 아내에게 미안한 마음만 든다. 만일 내가 평범한 의사였다면 아내는 훨씬 더 행복했을 것이다. '의사 윤여규'로서는 충실한 삶이었을지 몰라도 아내의 남편으로서 나는 많이 서툴고 모자란 사람이었다.

의사이자 교수로 살아오면서 아내와 단 둘이 여유로운 저녁 시간을 보낸 게 몇 날이나 됐을까. 후배들 제자들 일이라면 만사 제쳐놓고 달려가고, 언제나 가정보다 일을 앞세우는 남편 때문에 마음고생도 많았을 것이다. 힘들다 야속하다 한번쯤은 나를 탓할 법도 한데, 아내는 그저 묵묵히 내 곁을 지켜주었다.

딱 한 가지, 아내가 간절히 원하는 게 있었다. 그것은 내가 천주교로 개종하는 것이었다. 아내는 오래 전부터 천주교 신자였고, 아들도 성당에 다녔다. 나는 어머니가 권사로 계신 삼선감리교회의 집사로, 신심은 그리 깊지 않았으나 어릴 때부터의 오랜 습관에 의해 교회를 다니고 있었다. 한 가정을 이룬 부부가 주일마다 교회와 성당으로 흩어지는 모습이 내 눈에도 그리 좋아보이지는 않았다.

한번은 한영일 니콜라스 신부님께 개종에 대해 여쭤 본 적이 있다. 지금은 은퇴하신 한영일 니콜라스 신부님은 30년 전 아내의 소개로 알게 돼 가끔 골프도 하고 종종 찾아뵙는 분이었다. 신부님은 개종에 대한 나의 질문에 '천천히 해도 된다'고 말씀하셨고, 나도 그리 심각하게 서두르지 않았다.

그런데 나이가 들어서인가. 다 늦게 철이 드는 것인가. 언제부턴가 헌신적으로 나를 뒷바라지하는 아내의 모습이 눈에 들어오고, 괜스레 애잔한 마음이 들기 시작했다. 2006년 늦여름 서울에서 교리 공부를 마친 나는 부산의 동대신동성당에서 한영일 니콜라스 신부님에게 천주교 영세를 받았다. 작고하신 부인과 함께 독실한 천주교 신자인 박용현 회장님께서도 적극 영세를 권유하셨고, 부산까지 동행하여 대부代父를 서 주셨다.

그때 천주교 영세를 받은 것은 내가 지금까지 아내와 살면서 제일 잘한 일이 아닌가 싶다. 물론 퇴임 전까지는 바쁜 일과를 핑계로 사실 신앙생활을 그리 열심히 하지 못했다. 그러나 정년을 마친 2015년부터는 마음을 새로이 하고 새벽 성당미사에 빠짐없이 나가고 있다.

남편과 일치된 신앙생활을 하기 시작하면서 한결 얼굴이 밝아진 아내를 볼 때마다 고맙고 미안한 마음이다. 변함없이 내 곁을 지켜준 아내에게 앞으로 남은 기간 두고두고 40년 묵은 이 마음의 빚을 갚아나가겠다는 말을 전하며 이 글을 마친다.

2006년 부산 동대신동 성당.
십자가의 성 요한 윤여규 영세식.
한영일 니콜라스 신부님과 박용현 대부와 함께

WORKS

저서 목록

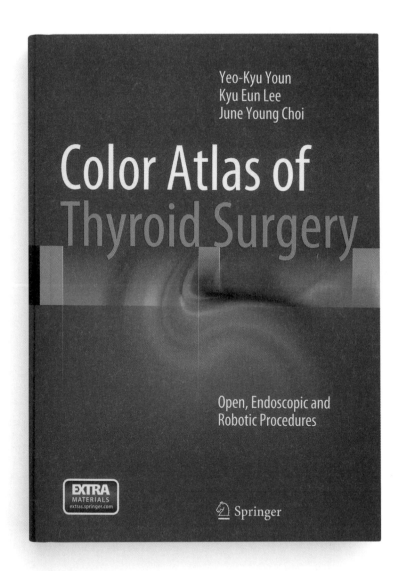

Yeo-Kyu Youn
Kyu Eun Lee
June Young Choi

Color Atlas of
Thyroid Surgery

Open, Endoscopic and
Robotic Procedures

EXTRA
MATERIALS
extras.springer.com

∰ Springer

Preface

In the modern history of thyroid surgery, the development of techniques became more effective and less invasive. There were also many significant scientific developments during this period. Awareness of the thyroid hormone and parathyroid hormone and the development of general anesthesia and hemostats were very important steps to perform thyroid surgery safely and effectively.

As the laparoscopic procedures were developed in early 1980s, Huscher and Gagner performed the first endoscopic thyroid surgery and parathyroid surgery in 1997 and 1996. Growth continued through the late 1990s, and the robotic operation system was introduced in the early 2000s.

There are two main reasons for conducting oncoplastic (AKA minimally invasive) thyroid surgery. First, the incidence of thyroid surgery is increasing. In Korea, the incidence of thyroid carcinoma has been increased by more than 200 % from the year 1995 to 2002. Second, patients desire a good cosmetic outcome. Thyroid cancer is particularly prevalent in young women, which increases the concern about postoperative neck scars; moreover, the prognosis of thyroid cancer is favorable, which places particular emphasis on quality-of-life issues. These issues mean that thyroid cancer management should be based on an oncoplastic concept where both complete surgical resection of the thyroid gland and the cosmetic outcome are pursued simultaneously.

As a surgeon performing both conventional open thyroid surgery and oncoplastic thyroid surgery for many years, I kept on trying to perform safer and more feasible thyroid surgery to help shoulder burden of patients. And I also kept on working to help surgeons to learn safe and effective thyroid surgery. It is a great honor for me to have an opportunity to publish this book, Color Atlas of Thyroid Surgery. I am extremely glad to work with Doctor Lee and Choi who made this publication possible.

I hope that this textbook could help the surgeons from many countries to put steps into the world of thyroid surgery.

Seoul, Korea
Yeo-Kyu Youn, MD, FACS

최신

응급의학

대표저자 윤 여 규

도서
출판 의학문화사

머리말

응급의학이 국내에 도입된지도 벌써 10년이 되었으며, 이제는 독립적인 임상과목의 한 분야로 자리를 잡아가고 있다. 그동안 응급의학의 임상교육은 주로 외국의 응급의학서적을 교과서로 사용하여 왔고, 분야별로 국내에서 출간된 몇 편의 응급의학서적이 있었으나 의과대학 학생의 임상교육을 위한 전반적이고 보편적인 내용을 담고 있는 서적은 거의 없었다.

현재 짧은 시간에 이루어지는 의과대학의 응급의학에 대한 학생강의는 체계가 제대로 갖추어지지 않은 상태에서 임시변통적이며, 강의자에 따라 특정 분야에 너무 치우치는 경향이 있는 등 의과대학생의 임상교육을 위한 표준화된 응급의학 교과서가 없어서 여러 가지 문제점을 안고 있는 게 우리 나라 응급의학 교육의 실정이다.

따라서 응급의학 학생강의의 질을 높이고 아울러 응급의학교육의 통일성을 기하기 위한 측면에서 응급의학 교과서의 필요성이 제기되어 왔다. 또한 짧은 교육시간을 배정받는 의과대학 응급의학의 현실을 볼 때 방대하고 너무 전문적인 내용의 교과서보다는 효과적인 교육을 위한 표준화된 응급의학 교과서의 필요성이 보다 더 요구되어 온 게 사실이라 할 수 있다. 이에 전국의 국립의과대학 응급의학과 교수님들이 주축이 되어 우리 나라의 응급의학의 발전을 위해 응급의학 교과서의 발간을 추진하게 되었으며, 지난 1년여 동안의 작업 끝에 본 교과서를 발간하게 되었다.

본 응급의학 교과서는 응급의학의 총론적인 성격을 띠고 있으며, 의과대학생과 응급의학 전공의 및 응급의학 전문의를 주 대상으로 하고 있으며, 나아가 개원의나 타 임상분야에도 도움이 되도록 기술되어 있다.

응급의학 교과서를 발간함에 있어 아쉬운 점은 조금은 용어의 통일이 미흡한 점이 있고, 우리 나라의 응급의학 실정이 충분히 고려되지 않은 점이 있지만, 차후 개정판을 거치면서 점점 보완되어지고 충실해질 것으로 기대한다.

끝으로 본 교과서를 준비하는 데 많은 수고를 아끼지 않으신 여러 교수님들과 이 책을 출판하는 데 애써 주신 의학문화사 임직원 여러분께 심심한 사의를 표한다.

200년 1월
서울대학교 의과대학 응급의학과
윤여규

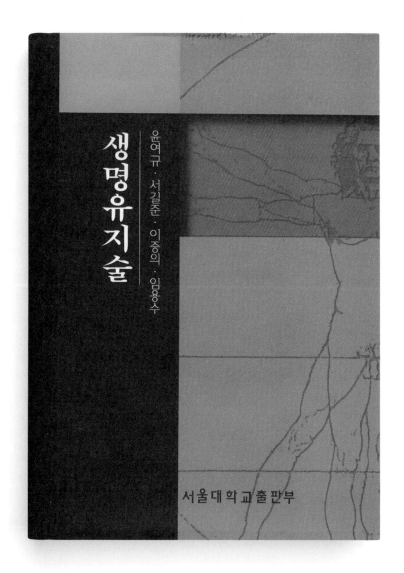

생명유지술

윤여규 · 서길준 · 이중의 · 임용수

서울대학교출판부

머리말

응급, 외상 환자의 효과적인 처치는 질병발생이나 수상 후 가급적 빠른 시간 내에 전문적이고 숙달된 의료인력에 의한 비가역적인 의료행위로서, 의학발달과 함께 꾸준히 연구되고 전문적인 학문으로 발전되었다. 최근에 전문의학이 더욱 세분화되어 분야별로 나누어지고 전문화되어가는 현대의학에 있어서 응급의학은 통합적인 학문으로서 다시 체계화되고 사회의학으로서의 일익을 담당하고 있다.

우리나라의 체계적인 응급의학은 10여 년 전부터 시작되어 지속적인 발전과 우리 실정에 맞는 응급의학의 개발로 많은 변화가 있었다. 서울대학교병원의 응급의학 발전은 6년 전에 신설된 응급의학과와 응급의학 전문의 제도로 시작되어 지금은 우리나라 응급의학 발전에 커다란 역할을 담당하고 있다.

그 동안 응급처치술에 관한 많은 응급의학 서적이 출간되었으나, 여러 가지 응급처치술의 규정변화와 새로운 이론적인 개발로 인해 급변하는 오늘의 의료현실을 분석하여 본 서적을 발간하게 되었다. 이러한 현실을 반영하고자 최신의 기본생명구조술, 전문심장구조술, 전문소아구조술 및 전문외상인명구조슬의 4분야로 나누어 소개하였다.

이 책은 응급의학 전문의 및 전공의뿐만 아니라 임상진료를 하는 모든 의료인에게 필요한 참고도서가 되기를 바라며, 앞으로도 응급의학 발전 및 연구에 조금이나마 도움이 되기를 바란다.

그 동안 집필에 헌신적인 노력을 하신 서길준 과장님, 이중의 교수님, 임용수 선생님의 노고에 깊은 감사를 드립니다.

2001년 7월
윤여규

Clinical Nutrition

임상영양학

서울대학교 신완균 · 윤여규

도서
출판 **신일북스**

머리말

건강은 질병의 예방과 효과적인 치료가 잘 수행될 때 그 목적을 달성할 수 있으며 이때 영양요법은 중요한 위치를 차지한다.

각 영양소들은 생체의 기본 골격유지는 물론 중요한 장기의 기본물질이므로 영양결핍증 환자는 중요 생명 유지기능을 상실하게 된다. 또한 영양소들은 체내에서 약물의 흡수, 이행, 분포, 대사, 배설에 영향을 줄 뿐 아니라 약물의 효능과 부작용에도 영향을 미치므로 영양요법은 환자 치료적 관점에서 먼저 이해되어야 한다.

따라서 질병의 치료 측면에서 보면 영양은 약물이나 수술보다 먼저 기본적인 치료관점으로 인식되어야 마땅하다. 특히, 병원에 입원한 환자는 환자의 질병상태에 따라 적절한 열량과 탄수화물, 단백질, 지질, 미량원소 및 비타민을 공급 받아야하며 그렇지 못할 경우 치료효과를 바라볼 수 없거나 합병증을 유발하게 된다.

이에 본 집필진은 공부하여 정리한 내용들을 묶어 의료진에게 조그만 보탬이 될 수 있도록 임상영양 지침서를 만들어 보았다.

특히 TPN요법을 중심으로 정리하였으며, 본 내용은 미국 미네소타대학의 임상영양 요법의 지침을 근간으로 편집하였기에 다른 병원의 지침과는 조금 다를 수 있다. 또한 책의 끝머리는 병원실제 환자들에서 수집한 사례들을 묶어보았다. 아무쪼록 이 책이 임상요법 실무에서 작은 등불이 되었으면 한다.

서울대학교병원 SEOUL NATIONAL UNIVERSITY HOSPITAL

FAMILY DOCTOR SERIES

갑상선암

105

책임저자 **윤여규** 서울대학교병원 외과 교수 | Professor Yeo Kyu Youn

THYROID CANCER

아카데미아

패밀리닥터 갑상선암

암이라고 하면 매우 드물고 걸리기만 하면 사형선고처럼 받아들이던 때가 있었습니다. 하지만 오늘날은 의학이 비약적으로 발전하고 전 국민이 건강에 지대한 관심을 가지게 되면서 조기진단과 치료가 가능해지고 완치율이 높아져 그 악명이 조금은 희석된 듯합니다. 그러나 막상 자신이, 또는 사랑하는 가족이나 친구가 암에 걸렸다고 하면 엄습하는 공포와 당황스러움은 말로 다할 수 없을 것입니다.

분명한 것은 자신의 병을 잘 알고 이해하면 막연한 공포심에서 헤어날 수 있을 뿐 아니라 의료진들에 의해 제공되는 치료를 더 잘 받아들일 수 있다는 것입니다. 마찬가지로 환자의 가족이나 친구들도 병에 대해 잘 알수록 환자를 더 잘 도와줄 수 있을 것입니다.

갑상선암은 우리나라에서 최근 10년 이내에 가장 급속도로 증가하고 있는 암 중 하나입니다. 특히 15~34세 여자에서는 전체 암 중 발생빈도 1위로 올라섰고, 35~64세 에서도 유방암과 위암 다음으로 흔한 암이 되었습니다.

다행스럽게도 갑상선암은(그 종류에 따라 차이가 있지만) 일반적으로 아주 천천히 자라고 생존율이 매우 높은 암입니다. 그래서 '순한 암'이라는 별명을 붙이는 사람도 있습니다. 하지만 바꿔 말하면 다른 암들보다 훨씬 오랫동안 환자의 지속적인 관심과 의료진의 면밀한 추적관찰이 필요한 암이기도 합니다. 갑상선암은 치료받은 후 10년이 지나서도 재발이 발견되는 경우가 많습니다.

모쪼록 이 책이 갑상선암을 진단받을 환자와 가족, 친구 분들이 갑상선암을 잘 이해하고 함께 이겨내는 데, 그리고 목에서 무언가 만져져서 걱정하시는 분들에게 도움이 되기를 바랍니다. 책의 순서는 갑상선암에 대한 구체적인 언급에 앞서 암 전반에 대한 개념을 설명 드리고, 이어서 간단한 해부학적 해설과 함께 갑상선의 구조와 기능을, 계속해서 갑상선암의 종류, 원인과 증상, 진단과 치료, 그리고 예후를 설명 드리는 것으로 되어 있습니다.

그리고 실제로 갑상선암을 진단받고 수술을 준비 중인 환자분들을 위해 진단 후 입원에서 퇴원 이후까지의 과정을 별도로 정리하였습니다. 이 책을 처음부터 순서대로 정독 하실 수도 있겠지만 필요에 따라 궁금한 내용을 찾아 보시기에도 불편함이 없으리라 생각됩니다.

그럼 이제 본론으로 들어가 암에 대한 전반적인 개념을 설명 드리는 것으로 이야기를 시작하겠습니다.

윤여규

2008

갑상선암이 보인다

갑상선암의 이해 및 올바른 치료에 대하여

윤여규 외

서울대학교병원 갑상선외과

머리말

갑상선암의 발생률이 최근 급격히 증가하면서, 2005년부터는 여성에서 발생률 1위의 암이 되었습니다. 그에 따른 사회적 관심의 증가와 더불어 잘못된 정보들도 인터넷 등을 통해 만연하고 있습니다.

이에 저희 서울대학교병원 갑상선외과에서는 2006년부터 환자 및 보호자뿐만 아니라 갑상선에 관심 있는 일반인들을 대상으로 하는 강좌를 시행하고 있습니다. 강좌에 참석하셨던 많은 분들의 요청으로 의학적 전문지식이 없어도 이해하기 쉽고, 여러분들이 궁금해 하는 실제적인 내용을 담을 책자를 발간하게 되었습니다.

일반적으로 갑상선암은 예후가 좋다고 알려져 있습니다. 즉, 다른 암에 비해 진행이 느리고 생존율이 높은 암입니다. 하지만 처음에 적절한 수술적 치료가 시행되었다는 전제가 있어야 예후가 좋은 암이라 할 수 있으며, 다른 암에 비해 장기간 경과 후에도 재발의 가능성이 있어 지속적인 환자의 관심과 의료진의 추적관찰이 필요합니다.

병에 대한 무지는 불안과 공포심을 자아내며 환자들은 고통스럽게 하고, 심지어 적절한 치료를 가로막을 수도 있습니다.

아무쪼록 이 조그마한 가이드북이 많은 환자분들의 두려움을 해소하고 올바른 대처를 하는 데 도움이 되기를 바랍니다.

2007년 12월
서울대학교병원 외과학교실
교수 윤여규

www.ethyroid.co.kr

2011
갑상선암을
넘어서

갑상선암의 이해와
수술을 포함한 치료법에 대하여

서울대학교 갑상선외과 (윤여규 외)

나비윔터
서울대학교병원 갑상선외과

머리말

2000년대 접어 들면서 갑상선암 발생률이 급격히 증가하여 2005년부터 여성에서 발병률 1위, 2007년 기준으로 남녀를 합하여 위암에 이어 한국에서 2번째로 흔한 암이 되었습니다. 이에 따른 사회적 관심의 증가를 반영하듯 최근 들어 각종 언론매체가 갑상선암을 다루고 있으나 단편적인 정보 전달에 그치고 있으며 또한 인터넷을 통한 잘못된 정보들도 만연하고 있습니다.

이에 저희 서울대학교병원 갑상선외과에서는 2006년부터 환자 및 보호자뿐만 아니라 갑상선질환, 특히 갑상선암의 치료에 관심이 높은 일반인들을 대상으로 하는 공개강좌를 시행해 오고 있습니다. 매주 목요일 오후 2시 서울대병원 본관 C강당에서는 '비가 오나 눈이 오나' 변함 없이 환우 및 여러분의 궁금증을 풀어 드리고자 하는 저희 갑상선외과의 노력이 계속 이어지고 있습니다.

강좌에 참석하셨던 분들의 요청으로 의학적인 전문지식 없이도 이해하기 쉽고, 여러분들이 실제 궁금해 하는 내용을 문답식으로 엮은 "2008 갑상선암이 보인다"를 발간한 바 있으며 이번에 "2011 갑상선암을 넘어서"라는 제목으로 개정판을 준비하였습니다. 특히 이번 개정판에서는 젊은 여성에서 관심이 높은 내시경적 갑상선 절제술법에 대한 소개와 더불어 본원에서 2008년 세계최초로 개발한 "로봇 BABA(바바) 내시경절제술"의 특징 및 적응증을 자세히 담았습니다.

일반적으로 갑상선암은 예후가 좋다고 알려져 있습니다. 즉, 다른 암에 비해 진행이 느리고 생존율이 높은 암입니다. 하지만 처음에 적절한 수술적 치료가 시행되었다는 전제가 있어야 예후가 좋은 암이라 할 수 있으며, 다른 암에 비해 장기간 경과 후에도 재발의 가능성이 있어 지속적인 환자의 관심과 의료진의 추적관찰이 필요합니다.

병에 대한 무지는 불안과 공포심을 자아내며 환자들을 고통스럽게 하고 심지어 적절한 치료를 가로막을 수도 있습니다. 아무쪼록 본 가이드북이 많은 환자분들의 두려움을 해소하고 올바르게 대처하는 데 조금이나마 도움이 되기를 바랍니다.

2010년 8월
서울대학교병원 갑상선외과
교수 윤여규

갑상선 · 부갑상선 외과학

Surgery of the Thyroid and Parathyroid Glands

대표저자
윤여규 · 오승근

서울대학교출판문화원

책을 내면서

21세기에 들어오면서 갑상선, 부갑상선 분야의 내분비 외과학은 매우 중요해지고 있다. 최근 갑상선암의 발생빈도는 급격히 증가하고 있는데 이러한 현상은 비단 우리나라에만 국한된 것이 아니라 미국이나 유럽 등의 외국에서도 동일하게 나타나는 현상이다. 또한 부갑상선 질환의 경우에도 미국이나 유럽 등 외국의 경우와 같이 혈액 화학 검사의 광범위한 사용과 삶의 질의 향상에 대한 기대 등으로 부갑상선 수술이 점차 증가하고 있는 실정이다. 이처럼 최근 갑상선암의 발생빈도가 급격하게 증가하면서 부갑상선을 포함한 내분비 질환의 관심도 증가하고 있다.

갑상선, 부갑상선 분야의 내분비 외과학은 끊임없이 발전하고 있으며, 특히 최근 수 세기에 걸쳐 매우 발전하였다. 따라서 과거 외과 선구자들로부터 얻은 내분비 외과의 기초적인 원칙들을 잊어서도 안되겠지만, 발전하고 있는 내분비 외과의 다양한 분야를 이해해야 하겠다. 기술적 발전으로 내분비 계통에 대한 이해가 늘어나면서, 다양한 내분비 질환의 진단과 치료에 있어서 많은 발전이 있어왔다. 질환의 유전적 이해로 가족성 갑상선 암의 조기 진단과 치료가 가능하게 되었고, 위치 확인 및 수술 중 부갑상선 호르몬 감시의 발전은 부갑상선기능항진증의 치료에 있어서 혁명을 가져왔다. 또한 내시경 및 로봇 수술의 발전으로 내분비 외과의 영역에서 종양학적으로 안전하며 미용성이 우수한 수술이 가능하게 되었으며, 신경감시와 같은 다양한 수술 중 감시를 통해 내분비 외과 수술의 안정성을 증진시켰다.

이처럼 내분비 외과의 분야가 외과의 여러 영역 중에서 특히 눈부시게 발전하고 있음에도 불구하고, 현실적으로 갑상선, 부갑상선 분야에 대한 최신지견을 다룬 한글판 교과서가 거의 없는 실정이다. 위와 같은 상황에서 내분비 외과학의 기본적인 원칙들과 함께 발전하는 최신지견을 잘 반영하고 있는 "갑상선, 부갑상선 외과학"을 집필하게 되었다. 이 책이 외과 전공의 및 전문의뿐만 아니라 내분비 질환을 공부하는 사람들에게 명실상부한 교과서가 되었으면 한다. 아울러 젊은 의학도들이 이 책을 일고 내분비 질환을 더 잘 이해하여 내분비 질환을 치료하는데 있어 훌륭한 버팀목이 되어주길 바란다.

2012년 12월 1일
윤여규, 오승근

**EBS 명의 윤여규 원장이
알기 쉽게 들려주는 갑상선 이야기**

갑상선
좀 볼까요?

윤여규 · 채영준 지음

제대로 알고 나면 수월하게 낫는 병, 갑상선 질환
제때 발견하고 대처하면 착한 암, 갑상선암
**생생한 사례를 통해
갑상선 건강의 비밀을 풀어본다!**

머리말

요즈음에는 인터넷이나, 각종 언론매체, 유인물 등을 통해 일반인에게 갑상선에 대한 정보가 여과 없이 전달되고 있습니다. 이러한 정보들은 때로는 갑상선 질환을 갖고 있는 환자분이나 가족분들에게 안심보다 불안이나 혼란을 드리기도 하는데, 이를 보면서 평생을 갑상선 질환 진료에 바쳐온 의료인으로서 안타까운 마음을 금할 길이 없었습니다.

저는 의과대학생 시절을 거쳐 외과 전공의, 갑상선 외과교수 시절을 보내면서 한평생 갑상선 질환에 대해 교육, 연구, 진료를 했던 서울대학병원을 떠나 2년 전부터 서초구 양재동에 위치한 윤여규갑상선클리닉에서 진료를 시작하였습니다. 대학교수로서의 교육이나 연구보다는 환자들과 좀더 가까이에서 직접적인 진료를 하고 싶은 마음이 컸기 때문입니다.

약간 부끄러운 얘기를 하자면, 이제까지 서울대학병원에서의 교수시절에는 나름대로 성심성의껏 진료를 봤다고 자부해왔습니다. 그러나 갑상선클리닉을 개원하고 환자분들의 이야기를 여유 있게 듣고 상담하다 보니, 과거 대학병원에서 진료했던 환자분들의 이야기를 충분히 들어주지 못했을 수도 있겠구나 하는 미안한 마음이 들기도 했습니다. 돌이켜 보면 진료 시간에 쫓겨 '갑상선암 환자들은 수술만 잘해주면 되지'라고 여기지 않았나 싶기도 합니다.

갑상선클리닉을 개원하고 환자분들을 만나면서 새삼스럽게 다시 느끼는 것은 단지 갑상선의 병 때문에 고통 받는 것이 아니라, 증상을 느낄 때부터 진단을 받고 약물치료 및 수술을 받을 때까지, 혹은 치료 후까지도 많은 불안과 초조함을 느낀다는 점입니다. 자신의 담당 의사가 자신의 병에 대해 잘 이해해준다는 마음을 갖기가 어렵기 때문에 더 불안한 마음을 갖게 되는 것이지요.

이런 불안함 마음을 조금이라도 없애드리고자 지난 2년간 윤여규갑상선클리닉에서 환자들과 다양한 이야기를 나누면서 많은 고심을 하였고, 환자나 가족분들이 두고두고 편하게 보실 수 있는 책이 있으면 좋겠다고 생각했습니다. 그래서 이해하기 어려운 갑상선 질환의 증상과 치료 사례들을 각색해서 에피소드 중심으로 엮은 형태의 책을 구상하게 되었습니다. 책의 내용은 실제 환자에게 설명하듯이 편하게 읽힐 수 있도록 했고, 사례 또한 실제 환자들의 생생한 이야기들로 구성하였습니다. 책을 보다 보면 "이건 정말 나랑 똑같네"라는 생각이 드실 수도 있으리라 생각됩니다. 이 책이 부디 갑상선 질환을 앓고 있거나, 막연한 불안감을 가지고 있는 분들에게 많은 도움이 되기를 바랍니다. 또 갑상선암 관련 내용은 최신지견을 담았기 때문에 갑상선 질환을 전공하는 의료인이 읽기에도 부족함이 없으리라 생각합니다.

딱딱하고 어려운 이론에 익숙한 저를 도와 부드럽고 쉽게 읽힐 수 있는 원고를 만드는 데 많은 도움을 주신 서울의대 보라매병원 채영준 교수와 여러 조언을 아끼지 않은 서울대병원 이규언 교수께 감사의 말씀을 전합니다. 아울러 기대 이상의 일러스트·편집 작업을 해주신 퍼시픽북스와 도도출판사의 편집부에도 감사드립니다.

2017. 3월 양재동에서
윤여규

ARTICLES

논문 목록

Original articles

1. Kim ST, Koh SH, Youn YK, Kim SW, Lee JS, et al.
    Clinical renal transplantation following bilateral nephrectomies and splenectomy.
    J Korean Surg Soc. 22(5):343-354, 1980

2. Youn YK, Kim YH, Yang JH, Kim SJ, You YB, et al.
    Adenocarcinoma arising from Choledochal cyst.
    J Korean Cancer. 13(1):71-74, 1981

3. Youn YK, Lim ST.
    Transitional cloacogenic carcinoma of the anal canal.
    J Korean Surg Soc. 24(12):1327-1333, 1982

4. Youn YK.
    The causes of death and the pathologic findings of allograft rejection in canine renal
    transplantation.
    KyungHee Univ Med J. 8(1): 171-178, 1983

5. Youn YK, Hong SW, Joo HJ, Park YH, Suh JT, et al.
    Carcinosarcoma of the stomach: An autopsy case.
    KyungHee Univ Med J. 8(1):179-184, 1983

6. Youn YK.
    Hyperbaric oxygenation therapy in burn wound.
    N Med J. 26(Aug):23-26, 1983

7. Youn YK, Chun JY.
    A clinical Evaluation on 122 Cases of Obstructive Jaundice among 307 Hepatobiliary cases.
    KyungHee Univ Med J. 9(1):177-184, 1984

8. Youn YK.
    Pancreatic transplantation.
    Diagn Treat. 5(3):292-295, 1985

9. Youn YK, Joo HZ.
   Emergency care of abdominal organ Injury.
   J Transp Med. 11(1):9-14, 1985

10. Joo KK, Youn YK, Joo HZ.
    Primary Malignant Lymphoma of the Gastrointestinal Tract.
    J Kor Cancer Res Assoc. 17(2):245-250, 1985

11. Kim YT, Youn YK, Oh SM.
    Clinical study of congenital hypertrophic pyloric stenosis.
    KyungHee Univ Med J. 2(1):77-80, 1986

12. Joo KK, Youn YK, Joo HZ.
    Desmoid tumor.
    KyungHee Univ Med J. 2(4):488-492, 1986

13. Kho YK, Kim YW, Youn YK, Yang MH, Joo HZ.
    Malignant mesenchymoma for the liver in the adult.
    KyungHee Univ Med J. 2(4):540-544, 1986

14. Paik HK, Youn YK.
    A clinical study and current status of Treatment in Peritoneal Tuberculosis.
    J Korean Surg Soc. 31(3):347-354, 1986

15. Han KK, Youn YK, Joo HZ, Jeun JY.
    Liver hemangioma. - 3 Cases report -
    Med Postgrad 1(14):33-36, 1986

16. Lee TS, Youn YK, Hong SW, Joo HZ.
    A case of portal hypertension due to splenic vein obstruction.
    J Vasc Surg Soc. 2(1):69-74, 1986

17. Ahn KY, Youn YK, Joo HZ.
    A surgical study of intestinal obstruction.
    J Korean Surg Soc. 32(6):674-680, 1987

18. Youn YK, Kho YK, Yoon C, Joo HZ.
     Clinical Analysis of the 1,343 Traffic Accident Victims.
     KyungHee Univ Med J. 3(1):65-72, 1987

19. Youn YK, Hong SW, Yoon C, Joo HZ.
     An Experimental study of the segmental pancreatic autotransplantation in dogs.
     KyungHee Univ Med J. 3(3):316-323, 1987

20. Youn YK, Hong SC, Joo HZ, Kim JP.
     Clinical Analysis of the Traffic Accident Victims.
     J Korean Trauma Assoc. 1(1):5-11, 1988

21. Lee HJ, Youn YK, Choe KJ.
     Operative Treatment in Ulcerative colitis.
     Korean J Gastroenterol. 20(3):561-566, 1988

22. Lee HJ, Youn YK, Choe KJ.
     Clinical Experience of pelvic exenteration for recurrent or locally advanced primary intrapelvic
     malignancies.
     Korean J Gastroenterol. 20(3):574-579, 1988

23. Kim ST, Park YH, Lee KU, Youn YK, Kim SW, et al.
     An experience of Liver transplantation in Korea.
     J Korean Transpl Soc. 2(1):27-3555, 1988

24. Cho HR, Youn YK, Kim JP.
     The Clinical study of the effect of the TCDO-local application open wounds.
     N Med J. 31(11):73-79, Nov.1988

25. Suh JS, Youn YK, Choe KJ.
     Clinical review of Diverticular Disease of the colon.
     J Korean Surg Soc. 36(2):157-164, 1989

26. Kim DK, Youn YK, Kim JP.
    Clinical Effect of Pefloxacin in Surgical Patients.
    N Med J. 31(12):113-118, Dec.1988

27. Youn YK, Bae SH, Choi JW, Cho HR, Kim JP.
    The Experimental Study of Oxygen Supply on the Infected wound.
    J Korean Trauma Assoc. 1(2):104-114, 1988

28. Youn YK, Park HY, Oh SM.
    The Experimental Study for the Diagnosis of Strangulation Intestinal Obstruction by using
    133Xe in rabbit.
    J Korean Surg Soc. 36(5):11-17, May. 1989

29. Bae JM, Bae SH, Youn YK, Kim SJ, Kim JP.
    Necrotizing Fasciitis of Perineum.
    J Korean Trauma Assoc. 2(1), 1989

30. Lee HD, Youn YK, Choe KJ.
    Incisional Hernia.
    J Korean Surg Soc. 36(5), May. 1989

31. Choi JW, Youn YK, Hong SK, Choe KJ.
    A Clinical Study of low Anterior Resection y EEA stapler and handsewn Anastomosis in Rectal
    Carcinoma.
    J Korean Surg Soc. 37(1):97-102, July. 1989

32. Kim DY, Youn YK, Kim JP.
    Multi system and organ failure.
    Korean J Gastroenterol. 21(1):144-154, 1989

33. Woo BY, Youn YK, Choe KJ.
    Clinical Study on Rectovaginal Fistula.
    Korean J Gastroenterol. 21(3), 1989

34. Han HS, Youn YK, Choe KJ.
     Metastatic Cancer of Unknown Origin
     J Korean Surg Soc. 37(4), Oct, 1989

35. Kim SY, Youn YK, Choe KJ.
     Surgical treatment of malignant melanoma.
     J Korean Med Assoc. 22:341, 1990

36. Youn YK, Choe KJ.
     Diagnosis and treatment of cold Injury.
     J Korean Med Assoc. 34(12), 1991

37. Demling R, LaLoned C, Knox J, Youn YK, Zhu D, Daryani R.
     Fluid Resuscitation with Deferoxamine Prevents systemic burn-induced oxidant Injury.
     J Trauma. 31(Apr):538-43, 1991

38. Knox J, Youn YK, LaLonde C, Demling R.
     Effect of Dobutamine on Oxygen Consumption and fluid and protein losses after Endotoxmia.
     Crit Care Med. 19(4):525-31, 1991

39. Youn YK, LaLonde C, Demling R.
     Use of Antioxidant therapy in Shock and Trauma.
     Cric Shock. 35(4):245-9, Dec. 1991

40. Demling R, LaLonde C, Daryani R, Zhu FG, Knox J, Youn YK.
     Relationship between the Lung and systemic response to Endotoxin: Comparison of Physiologic
     change and the Degree of lipid Peroxidation.
     Circ Shock. 34(4) 364-0, Aug. 1991

41. Youn YK, LaLonde C, Demling R.
     The Role of Mediatrs in the Response to thermal Injury.
     World J Surg. 16(1):30-36, 1992

42. Demling RH, Knox J, Youn YK, Daryani R.
    Effect of Dobutamine Infusion on Endoxin-induced lipid Peroxidation in awake sheep.
    Surgery. 111(1):79-85, Jan. 1992

43. Youn YK, LaLonde C, Demling RH.
    Oxidants and the Pathophysiology of burn and smoke Inhalation Injury.
    Free Radic Biol Med. 12(5) 409-15, 1992

44. Demling RH, Knox J, Youn YK, LaLonde C.
    Oxygen Consumption early postburn becomes Oxygen delivery dependent with the Addition
    of Smoke inhalation Injury.
    J Trauma. 32(5):593-8, May. 1992

45. LaLonde C, Knox J, Youn YK, Demling R.
    Relationship between hepatic blood flow and tissue lipid Peroxidation in the earl postburn
    Period.
    Crit Care Med. 20(6) 789-96, Jun. 1992

46. Youn YK.
    Nutrition and antioxidant in the management of critical care.
    Korean J Nutr. 25(4):326-329, 1992

47. Yoo HY, Youn YK, Oh SK.
    Carcinoma of the Thyroid Gland in Patients with Graves' Disease.
    J Korean Cancer. 25(2):220-224, 1993

48. Youn YK.
    외상 환자 처치
    J Korean Traffic Med. 19(2), 1993

49. Youn YK.
    외상환자의 대사 및 영양공급.
    J Korean Med Assoc. 36(8), 1993

50. Youn YK.
    다발성 손상에 대한 매개체 역할 및 항산화제.
    J Korean Med Assoc. 36(9), 1993

51. Youn YK.
    화상의 일반적 처치법.
    J Korean Med Assoc. 37(1), 1994

52. Yoo HY, Youn YK, Oh SK.
    Pheochromocytoma.
    J Korean Surg Soc. 46(2):258-267, 1994

53. Han SH, Youn YK, Kim JP.
    Effect of Fatty Acid Administration on Metabolism of Cancer Patients.
    J Korean Cancer. 26(6):891-894, Dec.1994

54. Suh GJ, Youn YK, Kim ST.
    The Effect of Oxidant and Antioxidant Activity on Rat peritonitis Induced by Cecal Ligation and Puncture.
    Seoul J Med. 35(1):19-28, March.1994

55. Youn YK, Jeong YK, Yun HY.
    Analysis of Emergency Patients who Visited Tertiary Medical Center.
    J Korean Trauma Assoc. 9(2):92-98, Dec. 1994

56. Wang SJ, Youn YK
    Treatment Experience of Cefotetan in Surgical Patients of Hepatic Malignancy.
    J Korean Trauma Assoc. 7(2):161-166, Dec. 1994

57. Kim ST, Kim KP, Lee KU, Kim SJ, Youn YK, Yoon HY, Ahn MS, Kim WK, Park KW, Cho MH, Kim SG, Lee HS, Seo JK, Kim SD, Oh YS, Kim HJ, Rho JK.
    An Experience of Partial Liver Transplantation for Congenital Biliary Atresia.
    J Korean Surg Soc. 47(2):288-295, Aug. 1994

58.   Wang SJ, Youn YK.
       Suggestions of Remote Medical Assistance in Mass Trauma Casualty.
       J Korean Trauma Assoc. 8(1), 1995

59.   Jeon JI, Park JJ, Youn YK.
       A Statistical Analysis of Traumatized Patients in Military Circuit. With special reference to the
       related to patient transfer.
       J Korean Trauma Assoc. 8(1):118-129, June. 1995

60.   Lalonde C, Picard L, Youn Yk, Demling RH.
       Increased early postburn fluid requirements and oxygen demands are predictive of the degree of
       the degree of airways injury by smoke inhalation.
       J Trauma. 38(2):175-84, Feb. 1995

61.   Demling R, lalonde C, Youn YK, Picard L.
       Effect of graded increases in smoke inhalation injuryon the early systemic response to a body
       burn.
       Crit Care Med. 23(1):171-8, 1995

62.   Park JK, Youn YK.
       Analysis of Factors Influencing Duration of Hospital Stay in Gastroduodenal Ulcer Perforation.
       J Korean Soc. Emerg Med. 7(3):363-374, Sep. 1996

63.   Rhee JE, Lee HS, Youn YK.
       Diagnostic Laparoscopy in Patients with an Acute Abdominal Problem.
       J Korean Soc. Emerg Med. 7(4):1-10, Dec. 1996

64.   Park JK, Youn YK.
       PaCO2 andReturnofSpontaneousCirculationDuringCardiopulmonaryResuscitation.
       J Korean Soc. Emerg Med. 7(3):345-353, Sep. 1996

65.   Hu JS, Yang HK, Park JK, Yoon IJ, Kang KH, Jang JJ, Noh DY, Youn YK, Oh SK, Lee KU, Choe
       KJ, Kim JP.
       Prognostic Factors in Gastric Leiomyosarcoma.
       J Korean Cancer. 28(6):1055-1060, Dec. 1996

66. Han HS, Bae JM, Youn YK.
    TNF Changes after Hemorrhagic Shock in Rats.
    J Korean Surg Soc. 50(5):634-639, May. 1996

67. Kim JH, Youn YK, Oh SK.
    Insulinoma.
    J Korean Surg Soc. 50(6):874-883, June. 1996

68. Kang SB, Youn YK, Oh SK.
    Primary Hyperparathyroidism.
    J Korean Surg Soc. 50(6):930-939, June. 1996

69. Jung SE, Rhee JE, Jeong YK, Youn YK.
    The Experimental Study of the Effect of Human Growth Hormone on inducible Nitric Oxide
    Synthase Activity of Liver Tissue in Rat Model of Panperitonitis induced by Cecal Perforation.
    J Korean Trauma Assoc. 9(2):137-151, Dec. 1996

70. Yang HY, Suh KS, Youn YK, Kim SW, Kim SJ, Lee KU, Park YH.
    A Clinical Analysis of Intestinal Obstruction in the Adult.
    J Korean Surg Soc. 52(3):335-342, Mar. 1997

71. Chang MC, Kim JS, Yun IJ, Noh DY, Youn YK, Oh SK, Choe KJ, Park IA.
    A Clinicopathologic Analysis of Medullary Breast Cancer.
    J Korean Cancer. 29(3):422-428, Mar. 1997

72. Park YC, Kim JS, Noh DY, Park IA, Youn YK, Oh SK, Choe KJ.
    Clinical and Histopathologic Analysis of Ductal Carcinoma In Situ.
    J Korean Surg Soc. 52(3), Mar.1997

73. Moon BI, Kim CW, Youn YK, Oh SK.
    Expression of the c-myc and c-fos Protooncogenes in Human Thyroid Tumors.
    J Korean Surg Soc. 52(6), Jun. 1997

74. Kim JT, Rhee JW, Chung SE, Youn YK, Oh SK.
    The Effect of Growth Hormone on TNF-a Level in Zymosan-A Induced Multiorgan Failure.
    J Korean Surg Soc. 53(4), Oct. 1997

75. York EG, Oh SK, Choe KJ, Youn YK, Noh DY, Kim JH.
    Surgical Treatment of Substernal Goiters.
    J Korean Surg Soc. 53(6), Dec.1997

76. Suh GJ, Lee JE, Jeong YK, Youn YK, Oh SK
    Effect of Recombinant Human Growth Hormone on Lipid Peroxidation and Plasma TNF-a
    and IL-6 following Thermal Injury in Rats.
    J Korean Soc. Emerg Med. 8(2), Jun. 1997

77. Chang MC, Kim JS, Yun IJ, Noh DY, Youn YK, Oh SK, Choe KJ, Park IA.
    A clinicopathologic Analysis of Medullary Breast Cancer.
    J Korean Cancer. 29(3), 1997

78. Noh DY, Kang HS, Kim YC, Youn YK, Oh SK Choe KJ, Park LA, Ryu SH, Suh PG.
    Expression of phospholipase C-gamma 1 and its transcriptional regulators in breast cancer
    tissues.
    Anticancer Res. 18(4A):2643-8, Jul-Aug.1998

79. Choe WJ, Kang HS, Kim JS, Noh DY, Youn YK, Oh SK, Choe KJ, Park IA.
    Clinicopathologic Analysis of 40 Mucinous Breast Carcinomas.
    J Korean Cancer. 30(1), 1998

80. Kim JS, Noh DY, Youn YK, Oh SK, Choe KJ.
    Analysis of Postoperative Survival and Prognostic Factors in Breast cancer.
    J Korean Surg Soc. 54(5), 1998

81. Jung SE, Yun IJ, Youn YK, Lee JE, Ha JW, Noh DY, Lee KK, Kim SJ, Oh SK, Choe KJ.
    Effect of Protease Inhibitor on the Ischemia-reperfusion Injury to the Rat Liver.
    J Korean Surg Soc. 54(5), 1998

82. DY Noh, Kim JS, Youn YK, Oh SK, Choe KJ.
Changes in the Clinical Features of and the Treatment for Breast Cancer.
J Korean Surg Soc. 54(4), 1998

83. Kim JS, Han WS, Noh DY, Youn YK, Oh SK, Choe KJ.
Retroperitoneal Sarcoma.
J Korean Cancer. 30(2), 1998

84. Kang HS, Yang HK, Noh DY, Youn YK, Kim SJ, Oh SK, Choe KJ, Kim JP.
Breast Cancer of 35 Years Old or Less.
J Korean Cancer. 30(2), 1998

85. Kim SS, Kim SW, Ha JW, Youn YK, Park JG, Lee KU, Park YH.
Peripancreatic Lesions that Need to be Differentiated from Pancreatic Tumors.
J Korean Surg Soc. 54(6), 1998

86. Noh DY, Kang HS, Kim YC, Youn YK, Oh SK, Choe KJ, Park IA, Ryu SH, Suh PG.
The Expression of Phospholipase C-γ 1 and its Transcriptional Regulators in Breast Cancer Tissues.
Anticancer Res 18:2643-2648, 1998

87. Noh DY, Kang HS, Kim YC, Park IA, Youn YK, Oh SK, Choe KJ.
The Expression of Phospholipase C-γ 1 and Its Cellular Characteristics.
J Korean Cancer. 30(3):457-463, 1998

88. Ha JW, Youn YK, Choi KY, Jung YK, Kim ST.
Effect of Pentoxifylline in Early Period of Sepsis Model Induced by Zymosan.
J Korean Trauma Assoc. 11(1):1-14, 1998

89. Noh DY, Yun IJ, Kim JS, Kang HS, Lee DS, Chung JK, Lee MC Youn YK, Oh SK, Choe KJ.
Diagnostic Value of Positron Emission Tomography for Detecting Breast Cancer.
World J Surg. 22:223-228, 1998

90. Kim TS, Noh DY, Youn YK, Oh SK, Choe KJ.
    A Clinical Analysis of Parotid Tumors.
    J Korean Surg Soc. 55(3):332-340, 1998

91. Shin DH, Kang HS, Kim YC, Kim JS, Noh DY, Youn YK, Choe KJ, Oh SK.
    Bilateral Breast Cancer.
    J Korean Surg Soc. 55(3):350-356, 1998

92. Choi SE, Kim YC, Noh DY, Youn YK, Oh SK.
    A Case of Bilateral Adrenal Cortical Adenomas Causing Cushing's Syndrome and Primary
    Aldosteronism.
    J Korean Surg Soc. 55(5):769-774, 1998

93. Kang HS, Kim YC, Noh DY, Park IA, Youn YK, Oh SK, Choe KJ.
    Histopathologic Features of Papillary Cancer in the Breast.
    J Korean Surg Soc. 55(4):486-491, 1998

94. Ahn YJ, Kang HS, Kim JS, Noh DY, Youn YK, Park JG, Oh SK, Choe KJ.
    Clinical Review of Familial and Hereditary Breast Cancer.
    J Korean Cancer. 30(1):119-126, 1998

95. Youn YK, Suh Gj, Oh SK, Demling R.
    Recombinant human growth hormone decreases lung and liver tissue lipid peroxidant and
    increases antioxidant activity after thermal injury in rats.
    J Burn Care Rehabil. 19(6):542-8, Nov-Dec. 1998

96. Lee IS, Oh EY, Rhee JE, Youn YK.
    A study for the Efficient Operation System in the Emergency Department of University
    Hospital.
    J Korean Soc. Emerg Med. 10(1):34-52, 1999

97. Kim YC, Kwon OJ, Kim SW, Youn YK, Oh SK.
    Endocrine Tumors of the Pancreas Secreting Multiple Hormones.
    J Korean Soc Endocrinol. 14:379-391, 1999

98. Chung JK, So Y, Lee JS, Choi CW, Lim SM, Lee DS, Hong SW, Youn YK, Lee MC, Cho BY.
Value of FDG PET in Papillary Thyroid Carcinoma with Negative 131I Whole-Body Scan.
J Nucl Med. 40:6 986-992, 1999

99. Noh DY, Yun IJ, Kang HS, Kim YC, Kim JS, Chung JK, Lee DS, Lee MC, Moon WK, Youn YK, Oh SK, Choe KJ.
Detection of Cancer in Augmented Breasts by Positron Emission Tomography.
Eur J Surg. 165(9):847-851, 1999

100. Jung SE, Yun IJ, Youn YK, Lee JE, Ha JW, Noh DY, Kim SJ, Oh SK, Choe KJ.
Effect of Protease Inhibitor on Ischemia-reperfusion Injury to Rat Liver.
World J Surg. 23:1027-1031, 1999

101. Rhee JE, Suh GJ, Kim YD, Jung SE, Youn YK.
Effects of Growth Hormone on Hepatic Tissue Regeneration after a Partial Hepatectomy in Rat.
J Korean Surg Soc. 57(5), 1999

102. Choi SE, Kim YC, Kim TS, Noh DY, Youn YK, Choe KJ, Oh SK.
Clinical Analysis of Malignant Pheochromocytoma.
J Korean Cancer. 31(6), 1999

103. Kim YC, Kwon OJ, Kim SW, Youn YK, Oh SK.
Endocrine Tumors of the Pancreas Secreting Multiple Hormones.
Korean J Endocr Surg. 14(2), 1999

104. Noh DY, Kang HS, Yun JJ, Kim JS, Chung JK, Lee DS, Lee MC, Youn YK, Oh SK, Choe KJ.
The Detection of Breast Cancer in Augmented Breast by Positron Emission Tomography.
Korean J Breast Cancer. 2(1):44-50, 1999

105. Kang HS, Noh DY, Kwon OJ, Youn YK, Oh SK, Choe KJ.
The Predictors of Axillary Node Metastasis in 2 cm or Less Breast Cancer.
J Korean Cancer. 31(6):1188-1194, 1999

106. Woo SW, Kang HS, Kim JS, Kim YC, Noh DY, Youn YK, Oh SK, Choe KJ.
     Asymptomatic Breast Cancer.
     J Korean Surg Soc. 57(6), 1999

107. Kim SH, Shin SD, Pyo CH, Lee JE, Suh GJ, Jung SE, Youn YK.
     A Clinical Review of Esophageal Varix Bleeding Patient in Pediatric Emergency Canter.
     J Korean Soc Emerg Med. 10(3), September, 1999

108. Shin SD, Kim SH, Pyo CH, Rhee JE, Suh GJ, Jung SE, Youn YK.
     The Antioxidant Effect of Vitamin C in Burn Model of Rat.
     J Korean Soc Emerg Med. 10(3), 1999

109. Rhee JE, Kim SH, Shin SD, Pyo CH, Suh GJ, Jung SE, Youn YK, Oh SK.
     Effects of Antioxidants and Nitric Oxide Modulating Factors on Hepatic Ischemic-Reperfusion
     Injury of Rats.
     J Korean Surg Soc. 57(6), Dec. 1999

110. Kim SH, Jeung JS, Kwon WY, Rhee JE, Suh GJ, Jung SE, Youn YK.
     The Antioxidant Effect of Vitamin C on the Paraquat Poisoning.
     J Korean Soc Emerg Med. 10(3), Sep. 1999

111. Rhee JE, Shin SD, Pyo CH, Suh GJ, Jung SE, Youn YK.
     Effects of Vitamin-C on Sepsis Rat Model Induced by Endotoxin.
     J Korean Soc Emerg Med. 10(4), Dec, 1999

112. Rhee JE, Kim KS, Jeong JS, Suh GJ, Lee CH, Youn YK, Ko KH.
     Antioxidant Effects of Human Growth Hormone on Endotoxemia Rat Model.
     J Korean Trauma Assoc. 12(2), Dec, 1999

113. Lee JH, Youn YK, Kim WH, Yu HJ, Suh BJ, Yang HK, Choe KJ, Kim JP.
     Clinicopathologic Characteristics and p53, c-erbB2, nm23 Protein Expression in Gastric
     Remnant Cancer.
     J Korean Cancer. 32(1):26-37, 2000

114. Kim SW, Kang HJ, Noh DY, Youn YK, Oh SK, Choe KJ.
Comparison of the Prognostic Factors between Medullary Cancer and an Infiltrating Ductal
Carcinoma in the Breast.
J Korean Surg Soc. 59(2), 2000

115. Kim SW, Park IA, Chang MC, Kang HJ, Noh DY, Youn YK, Oh SK, Choe KJ.
Medullary Carcinoma of the Breast - Reclassification by Ridofi's criteria.
J Korean Surg Soc. 59(3), 2000

116. Kang HS, Noh DY, Youn YK, Oh SK, Choe KJ.
A Clinicopathological Analysis of Microinvasive Carcinoma.
J Korean Surg Soc. 58(2), 2000

117. Kim HJ, Kim TS, Kang HJ, Cho HJ, Park IA, Noh DY, Youn YK, Oh SK, Choe KJ.
Clinical Analysis of Phyllodes Tumor of the Breast.
J Korean Surg Soc. 58(3), 2000

118. Kang JM, Kim TS, Noh DY, Youn YK, Choe KJ, Oh SK.
Prognostic Factors for Locally Invasive Papillary Thyroid Carcinomas.
J Korean Surg Soc. 59(4), 2000

119. Lee JE, Kim TS, Kim YC, Noh DY, Youn YK, Choe KJ, Oh SK.
Hurthle Cell Neoplasm of the Thyroid Gland.
J Korean Surg Soc. 58(5), 2000

120. Kim KS, Lim YS, Rhee JE, Suh GJ, Youn YK, Lee YS.
Problems in Completing Death Certificate.
J Korean Soc Emerg Med. 11(4), 2000

121. Kim KS, Lim YW, Jung JS, Sin SD, Pyo CH, Rhee JE, Suh GJ, Jung SE, Youn YK, Park JB, Seo
KS, Rue EY, Lim YS.
Clinical Analysis of Phalloides Syndrome.
J Korean Soc Emerg Med. 11(2), Jun. 2000

122. Jung JS, Kwon WY, Kim KS, Lim YS, Rhee JE, Suh GJ, Youn YK.
Risk Prediction Factors In Febrile Neutropenic Patients.
J Korean Soc Emerg Med. 11(3), Sep. 2000

123. Kang HJ, Kim SW, Noh DY, Youn YK, Oh SK, Choe KJ, Han SB, Min KW.
Immediate Breast Reconstruction after a Mastectomy for Breast Cancer.
J Korean Surg Soc. 59(5), Sep. 2000

124. Jeong YK, Suh GJ, Jung JS, Jung SE, Choe KJ, Youn YK.
The Antioxidant Effect of Vitamin C and Deferoxamine on Paraquat Induced Lipid
Peroxidation in Rats.
J Korean Soc Emerg Med. 11(4), Dec. 2000

125. Lee RA, Kang HJ, Kim SW, Kang HS, Kim SS, Youn YK, Oh SK, Choe KJ, Noh DY.
Detection of Axillary Lymph Node Micrometastases in Breast Cancer Using RT_PCR:
Comparison the Results of MUC1, Cytokeratin 19.
J Korean Surg Soc. 60(1), Jan. 2001

126. Kim SW, Park SS, Ahn SJ, Kang HJ, Youn YK, Oh SK, Choe KJ, Noh DY.
Detection of Breast Cancer Micrometastases in Sentinel Lymph Nodes.
J Korean Surg Soc. 60(2), Feb. 2001

127. Kim SW, Kang HJ, Youn YK, Oh SK, Choe KJ, Noh DY.
The Clinicopathologic Characteristics of Metaplastic Carcinomas of the Breast.
J Korean Surg Soc. 60(3), Mar.2001

128. Ko CD, Kang HJ, Kim SW, Youn YK, Oh SK, Choe KJ, Noh DY.
Assessment of MIB1(Ki-67) Labeling Index and Correlation with Other Well Established
Prognostic Factors in Breast Cancer.
J Korean Surg Soc. 60(4), Apr.2001

129. Kang SH, Kim SW, Kang HJ, Youn YK, Oh SK, Choe KJ, Noh DY.
Pregnancy-associated breast cancer.
J Korean Surg Soc. 60(4), Apr.2001

130. Kim SW, Kang HJ, Chung KW, Kim HJ, KO CD, Youn YK, Oh SK, Choe KJ, Noh DY.
Sentinel node biopsy in breast cancer using a gamma-detection probe.
J Korean Surg Soc. 60(5), May. 2001

131. Kang HJ, Kim SW, Youn YK, Oh SK, Choe KJ, Noh DY.
Expression of the p53, c-erbB2, bcl-2, Cathepsin D on Infiltrating Ductal Cancer of the Breast.
J Korean Surg Soc. 60(6), Jun. 2001

132. Kim HY, Chung KW, Kim HW, Youn YK, Oh SK.
Clinical Analysis of Anaplastic Thyroid carcinoma.
J Korean Surg Soc. 60(8), Aug. 2001

133. Kwon WY, Jo YH, Song HG, Kim MC, Rhee JE, Suh GJ, Youn YK.
Antioxidant Therapy of the Paraquat Intoxication.
J Korean Soc Emerg Med. 12(4), Dec. 2001

134. Rhee JE, Song HG, Kim DH, Kweon WY, Kwak YH, Suh GJ, Youn YK.
Possibility of Dilution and Neutralization Therapy with Cold Solution in Cases of Strong Acid
or Strong Akali Ingesion.
J Korean Soc Emerg Med. 12(3), Sep. 2001

135. Kwon WY, Jung JS, Kim KS, Kim SH, Sin SD, Rhee JE, Suh GJ, Youn YK.
Clinical Analysis of Octreotide in Varix Bleeding.
J Korean Soc Emerg Med. 12(1), Mar. 2001

136. Suh GJ, Lee SH, Jo IJ, Kwon WY, Song HG, Rhee JE, Youn YK.
Prehospital Trauma Care System in Seoul by 119 Rescue Services.
J Korean Soc Emerg Med. 12(2), Jun. 2001

137. Shin WS, Lim S, Cho YM, Kim YY, Moon MK, Park DJ, Park KS, Kim SY, Cho BY, Lee HK,
Youn YK, Oh SK.
Development of Tertiary Hyperparathyroidism during the Treatment of Hypophosphatemic
Osteomalacia
Endocrinol Metab (Seoul). 16:4-5, 2001

138. Yeo JS, Chung JK, MD., So EY, Kim SK, Lee EJ, Lee DS, Youn YK, Hong SJ, Ahn IM, Lee MC, Cho BY.
F-18-fluorodeoxyglucose positron emission tomography as a presurgical evaluation modality for I-131 scan-negative thyroid carcinoma patients with local recurrence in cervical lymph nodes.
Head Neck. 23(2):94-103, Feb. 2002

139. Rhee JE, Jung SE, Shin SD, Suh GJ, Noh DY, Youn YK, Oh SK, Choe KJ.
The Effects of Antioxidants and nitric Oxide Modulators on Hepatic Ischemic-Reperfusion Injury in Rats.
J Korean Med Assoc. 17(4), Aug. 2002

140. Kim DH, You EY, Rhee JE, Suh GJ, Jung SK, Youn YK.
The Clinical analysis of The Homeless Visiting Emergency Medical Centers.
J Korean Soc Emerg Med. 13(3), Sep. 2002

141. Kim WJ, Shin JH, Jung SK, Rhee JE, Suh GJ, Youn YK, Lee CH, Song HG.
Efficacy of Computed Tomography in Facial Trauma.
J Trauma Inj (Korea). 15(1), 2002

142. Jo IJ, Shin JH, Suh GJ, Jung SK, Rhee JE, Jeong YK, Lee CH, Youn YK.
The Relationship between Air Pollution and Development of Chest Pain in Acute Coronary Syndrome Patients in Seoul.
J Korean Soc Emerg Med. 13(3), Sep. 2002

143. Kim IJ, Kang HC, Park JH, Ku JL, Lee JS, Kwon HJ, Yoon KA, Heo SC, Yang HY, Cho BY, Kim SY, Oh SK, Youn YK, Park DJ, Lee MS, Lee KW, Park JG.
RET Oligonucleotide Microarray for the Detection of RET Mutations in Multiple Endocrine Neoplasia Type 2 Syndromes.
Clin Cancer Res. 8(2):457-463, 2002

144. Rhee JE, Jung SE, Shin SD, Suh GJ, Noh DY, Youn YK, Oh SK, Choe KJ.
The Effects of Antioxidants and Nitric Oxide Modulators on Hepatic Ischemic-Reperfusion Injury in Rats.
J Korean Med Assoc. 17(4), 2002

145. Kwak YH, Shin JH, Jung SK, Rhee JE, Suh GJ, Youn YK, Lee CH.
Clinical Review of Acute Hepatitis A in a Emergency Center.
J Korean Soc Emerg Med. 13(3), Sep.2002

146. Kang KH, Chang MC, Noh DY, Youn YK, Moon BI, Oh SK.
Preoperative Localization in Primary Hyperparathyroidism: Comparison of
Tc99mMIBIScanandTI201/Tc99mSubtractionScan.
J Korean Surg Soc. 63(1), Jul. 2002

147. Jung SE, Youn YK, Lim YS, Song HG, Rhee JE, Suh GJ.
Combined Administration of Glutamine and Growth Hormone Synergistically Reduces
Bacterial Translocation in Sepsis.
J Korean Med Assoc. 18(1):17-22, 2003

148. Suh GJ, Youn YK, Song HG, Rhee JE, Jung SE.
The effect of glutamine on inducible nitric oxide synthase gene expression in intestinal
ischemia-reperfusion injury.
Nutr Res. 23:131-140, 2003

149. Lee TW, Chung KW, Chang MC, Yoo SH, Noh DY, Youn YK, Oh SK, Choe KJ.
Clinicopathologic Features of Poorly Differentiated (Insular) Carcinoma of Thyroid.
J Korean Surg Soc. 64(2):121-126, 2003

150. Lee GM, Noh DY, Choe KJ, Youn YK, Oh SK.
Primary Hyperparathyroidism.
Korean J Endocr Surg. 3(1):7-14, 2003

151. Chang MC, Noh DY, Youn YK, Choe KJ, Oh SK.
Factors Influencing Outcome of Surgical Treatment for Primary Aldosteronism.
Korean J Endocr Surg. 3(2):141-146, 2003

152. Park KS, Kim SW, Min HS, Han WS, Noh DY, Park SH, Youn YK, Oh SK, Choe KJ.
Hyalinizing Trabecular Adenoma of Thyroid.
J Korean Surg Soc. 65(6):572-575, 2003

153. Kim TH, Park DJ, Noh DY, Youn YK, Oh SK.
Retroperitoneal Fibrosis; Diagnosed as an Adrenal Gland Origin Tumor Preoperatively.
J Korean Surg Soc. 65(3):254-258, 2003

154. Kim SW, Kim HJ, Chung KW, Noh DY, Youn YK, Oh SK, Choe KJ.
The Investigation of an Age as a Prognostic Factor of Breast Cancer.
J Korean Surg Soc. 64(1):20-27, 2003

155. Park KS, Hwang KT, Doh JT, Park DJ, Chang MC, Noh DY, Youn YK, Oh SK.
Retroperitoneal Bronchogenic Cyst.
J Korean Surg Soc. 64(1):89-92, 2003

156. Song KJ, Cheon SB, Shin JH, Rhee JE, Suh GJ, Youn YK.
Risk Factors to consider operation in patients with small bowel obstruction.
J Korean Soc Emerg Med. 14(1):105-109, 2003

157. Jo YH, Jo IJ, Shin JH, Rhee JE, Suh GJ, Youn YK.
The Efficacy of Neutralization Therapy with Weak Acid against Strong Alkali Ingestion: In-vivo Study.
J Korean Soc Emerg Med. 14(1):110-116, 2003

158. Kim WJ, Shin SD, Kim DH, Kwak YH, Rhee JE, Suh GJ, Youn YK.
Deep Vein Thrombosis Caused by Iliac vein Compression Syndrome in Emergency Department.
J Korean Soc Emerg Med. 14(4):371-377, 2003

159. Jo YH, Shin SD, Kim DH, Jo IJ, Rhee JE, Suh GJ, Youn YK, Kim KS.
Descriptive Study of Prognostic Factors of Exertional Heat Stroke in Military Personnel.
J Korean Soc Emerg Med. 14(4):409-414, 2003

160. Hwang KT, Kim SW, Han WS, Noh DY, Youn YK, Oh SK, Choe KJ.
A Clinical Analysis of Metastatic Tumors to the Thyroid Gland.
J Korean Surg Soc. 66(5):367-371, 2004

161. Yu JH, Kim SW, Han WS, Kim SW, Park IA, Youn YK, Oh SK, Choe KJ, Noh DY.
Micropapillary Carcinoma of Breast.
J Korean Breast Cancer Soc. 7(2) 132-135, 2004

162. Chung KW, Chang MC, Noh DY, Oh SK, Choe KJ, Youn YK.
RET Oncogene Expression of Papillary Thyroid Carcinoma in Korea.
Surg Today. 34 485-492, 2004

163. Chon SB, Kim JS, Lee CH, Jung SE, Youn YK, Suh GJ.
Effect of Administration of Glutamine and N-Acetylcysteine on Hepatic Antioxidant
Mechanisms in Sepsis.
J Korean Trauma Assoc. 7(1):1-9, 2004

164. Kim KS, Lee JH, Kim WJ, Shin SK, Jung SK, Rhee JE, Suh GJ, Youn YK
The Role of MRI in Spinal Cord Injury without Radiographic Abnormality.
J Korean Soc Emerg Med. 15(5):311-316, 2004

165. Shin WY, Kim SW, Park KS, Han WS, Noh DY, Youn YK, Oh SK, Choe KJ
Analysis of Hypoparathyroidism after Thyroid Surgery.
Korean J Endocr Surg. 4(1):36-41, 2004

166. Chung KW, Song MS, Park JW, Clark OH, Noh DY, Oh SK, Choe KJ, Youn YK.
Regulation of Sodium-iodine Symporter Expression by Retinoic Acid in Thyroid Cancer Cell
Lines.
Korean J Endocr Surg. 4(1):1-9, 2004

167. Han WS, Kim SW, Park IA, Kang DH, Kim SW, Youn YK, Oh SK, Choe KJ, Noh DY.
Young age: an independent risk factor for disease-free survival in women with operable breast
cancer.
BMC Cancer 82(4):1-8, 2004

168. Lee JE, Park SS, Han WS, Kim SW, Shin HJ, Choe KJ, Oh SK, Youn YK, Noh DY, Kim SW.
The Clinical Use of Staging Bone Scan in Patients with Breast Carcinoma.
Cancer. 104(3):499-503, 2005

169. Lee JE, Shin HJ, Han WS, Kim SW, Park KS, Kim SW, Oh SK, Youn YK, Choe KJ, Noh DY.
The Relationship between Abnormal Screening Bone Scintigraphy and Bone Metastasis in Breast Cancer Patients.
J Breast Cancer. 8(1):48-55, 2005

170. Lee KJ, Kim JY, Lee KH, Suh GJ, Youn YK.
General Scheme for the Level I Trauma Center in South Korea.
J Korean Trauma Assoc. 18(1):1-16, 2005

171. Park HS, Lee CH, Jung SG, Suh GJ, Jung SE, Youn YK.
The Effect of Methylene Blue on Inducible Nitric-oxide Synthase in a Rat Model of Acute Lung Injury Induced by Paraquat.
J Korean Trauma Assoc. 18(1):53-63, 2005

172. Jung SE, Song MS, Choi KY, Lee CH, Jung SK, Lee SC, Youn YK, Suh GJ
The Effect of Methylene Blue on Nitric Oxide Production in a Rat Model of Acute Liver Injury Induced by Paraquat.
J Korean Soc Emerg Med. 16(2):238-244, 2005

173. Park CB, Kim KS, Shin JH, Suh GJ, Youn YK.
Clinical Presentations, Diagnosis, and Treatments of a Psoas Abscess.
J Korean Soc Emerg Med. 16(3):346-351, 2005

174. Kim JS, Sung GY, Oh SJ, Cho YU, Lee JB, Kim TH, Nam KH, Chung WY, Jung EJ, Yoon JH, Kim LS, Park YR, Kim JH, Moon BI, Lee JY, Soh EY, Youn YK, Park CS.
Current Status of Endoscopic Thyroidectomy in Korea.
Korean J Endocr Surg. 5(1):12-17, 2005

175. Kim KS, Suh GJ, Youn YK, Kang YJ, Kim MA, Cho SK, Shin HK.
The Effect of Hypothermia on Lung Inducible Nitric Oxide Synthase Gene Expression in Intestinal Ischemia-Reperfusion Injury.
J Korean Trauma Assoc. 19(1):14-20, 2006

176. Park SY, Chung YS, Choe JH, Kang KH, Han WS, Noh DY, Oh SK, Youn YK.
Metastatic Renal Cell Carcinoma to the Thyroid Gland.
J Korean Soc Endocrinol. 6(1):39-41, 2006

177. Jung SY, Han WS, Shin HJ, Lee JE, Hwang KT, Hwang SE, Oh SK, Youn YK, Kim SW, Noh DY.
Usefulness of Ki-67 as a Prognostic Factor in Lymph Node-Negative Breast Cancer.
J Breast Cancer. 9:41-46, 2006

178. Lee JE, Shin HJ, Hwang SE, Hwang KT, Oh SK, Youn YK, Noh DY, Kim SW, Han WS.
A case of Breast Gigantism in a Patient with Wilson·s Disease treated by Penicillamine.
J Breast Cancer. 9(1):69-72, 2006

179. Chan Ho Kim, Jun Ho Choe, Yu Seung Jung, Kyung Ho Kang, Won Shik Han, Dong Young Noh, Seung Keun Oh, Yeo Kyu Youn
The Use of Fibrin Tissue Glue in Thyroid Surgery: Retrospective Study of 255 Cases.
J Korean Soc Endocrinol. 6(1):22-26, 2006

180. Hwang SE, Moon WK, Cho N, Han WS, Kim SW, Shin HJ, Hwang KT, Lee JE, Youn YK, Oh SK, Noh DY.
Preoperative Evaluation of Lymph Node Metastasis with Using Ultrasonography for Examining the Axilla in Early Stage Breast Cancer.
J Breast Cancer. 9(2):115-120, 2006

181. Shin HJ, Han WS, Kim SW, Hwang KT, Hwang SE, Kim SW, Youn YK, Oh SK, Noh DY.
Postoperative Survival and Prognostic Factors in Breast Cancer: a Single Center Analysis of 4,063 Cases.
J Breast Cancer. 9(1):55-59, 2006

182. Kim HY, Chang MC, Noh DY, Youn YK, Oh SK.
Retroperitoneal Tumors Preoperatively Misdiagnosed as Adrenal Tumor.
J Korean Surg Soc. 73(2):103-113, 2007

183. Kwon WI, Chang MC, Noh DY, Youn YK, Oh SK.
Primary Hyperparathyroidism A 26-year Experience at Seoul National University Hospital.
J Korean Soc Endocrinol. 7(3):147-154, 2007

184. Choe JH, Kim SW, Chung KW, Park KS, Han WS, Noh DY, Oh SK, Youn YK.
Endoscopic Thyroidectomy Using a New Bilateral Axillo-Breast Approach.
World J Surg. 31(5):601-606, 2007

185. Chung YS, Choe JH, Kang KH, Kim SW, Chung KW, Park KS, Han WS, Noh DY, Oh SK,
Youn YK.
Endoscopic thyroidectomy for thyroid malignancies: comparison with conventional open
thyroidectomy.
World J Surg. 31(12):2302-2306, 2007

186. Ha HK, Han WS, Ko EY, Kang SY, Lee JW, Cho JH, Jung SY, Kim EK, Oh SK, Youn YK, Noh
DY.
Toremifene as an Adjuvant Hormone Therapy for Estrogen Receptor Positive early Breast
Cancer: Therapeutic Efficacy and Effect on Endometrium
J Breast Cancer. 10(4):258-262, 2007

187. Lee J, Kwon W, Jo Y, Suh G, Youn YK.
Protective effects of ethyl pyruvate treatment on paraquat-intoxicated rats.
Hum Exp Toxicol. 27(1):49-54, 2008

188. Chung YS, Choe JH, Kim HY, Lee KE, Park WS, Han WS, Noh DY, Oh SK, Youn YK.
Detection of BRAF Mutation on Fine Needle Aspiration Biopsy Specimens Using the
Colorimetric Mutation Detection Method.
J Korean Surg Soc. 74(1):25-33, 2008

189. Min HS, Choe G, Kim SW, Park YJ, Park DJ, Youn YK, Park SH, Cho BY, Park SY.
S100A4 expression is associated with lymph node metastasis in papillary microcarcinoma of the
thyroid.
Mod Pathol. 21(6):748-55, 2008

190. Bae JS, Cho YU, Sung GY, Oh SJ, Jung EJ, Lee JB, Kim TH, Nam KH, Chung WY, Yoon JH, Kim LS, Park YL, Kim JH, Moon BI, Lee JR, Lee BU, Kim JS, Kim JR, Soh EY, Youn YK, Park CS.
The current status of endoscopic thyroidectomy in Korea.
Surg Laparosc Endosc Percutan Tech. 18(3):231-235, 2008

191. Lee YK, Shin HK, Kwon WY, Suh GJ, Youn YK.
Effect of Heat Shock Protein 70 on Inducible Nitric Oxide Synthase during Sepsis in Rats.
J Korean Soc Trauma. 21(1):59-65, 2008

192. Kim JH, Kim SG, Kwon WY, Suh GJ, Youn YK.
Time Course of Inducible NOS Expression of Lung Tissue during Sepsis in a Rat Model.
J Korean Soc Trauma. 21(2):120-27, 2008

193. Yang JY, Lee KE, Kim SJ, Lee JH, Han WS, Noh DY, Youn YK, Oh SK.
Lateral Neck Lymph Node Metastasis in Papillary Thyroid Cancer.
Korean J Endocr Surg. 9(3):133-139, 2009

194. Kim JH, Han W, Moon HG, Ko EY, Lee JW, Kim EK, Park IA, Ha SW, Chie EK, Oh SK, Youn YK, Kim SW, Hwang KT, Noh DY.
Factors affecting the ipsilateral breast tumor recurrence after breast conserving therapy in patients with T1 and T2 tumor.
J Breast Cancer 12(4):324-30, 2009

195. Lee KE, Kim HY, Park WS, Choe JH, Kwon MR, Oh SK, Youn YK.
Postauricular and Axillary Approach Endoscopic Neck Surgery: A New Technique.
World J Surg. 33:767-772, 2009

196. Lee KE, Rao J, Youn YK.
Endoscopic thyroidectomy with the da Vinci robot system using the bilateral axillary breast approach (BABA) technique: our initial experience.
Surg Laparosc Endosc Percutan Tech. 19(3):e71-5, 2009

197. Park YJ, Kim YA, Lee YJ, Kim SH, Park SY, Kim KW, Chung JK, Youn YK, Kim KH, Park DJ, Cho BY.
Papillary microcarcimoma in comparison with larger papillary thyroid carcinoma in BRAF(V600E) mutation, clinicopathological features, and immunohistochemical findings.
Head Neck. 38-45, 2010

198. Park WS, Chung YS, Lee KE, Kim HY, Choe JH, Koh SH, Youn YK.
Anti-adhesive effect and safety of sodium hyaluronate and sodium carboxymethyl cellulose solution in thyroid surgery.
Asian J Surg. 33(1):25-30, 2010

199. Lee KE, Chi HK, Youn YK.
Genetic Alterations in Follicular Cell-derived Thyroid Carcinomas.
Korean J Endocr Surg. 10(1):1-11, 2010

200. Park WS, Lee KE, Song JY, Chung YS, Kim HY, Koh SH, Youn YK.
Diagnosis of Papillary Thyroid Cancer via Detection of BRAF Mutation on Fine Needle Aspiration Cytology Slides.
Korean J Endocr Surg. 10(1):12-18, 2010

201. Ahn SK, Han WS, Moon HG, Yu JH, Ko EY, Bae JH, Min JW, Kim TY, Im SA, Oh DY, Han SW, Ha SW, Chie EK, Oh SK, Youn YK, Kim SW, Hwang KT, Noh DY.
The Impact of Primary Tumor Resection on the Survival of Patients with stage IV Breast Cancer.
J Breast Cancer 13(1):90-5, 2010

202. Lee B, Lee KE, Jang JY, Kim SW, Youn YK, Lee KU, Oh SK.
Clinical Analysis of Insulinoma.
Korean J Endocr Surg. 10(2):99-105, 2010

203. Lee KE, Koo DH, Kim SJ, Lee JH, Park KS, Oh SK, Youn YK.
Outcomes of 109 patients with papillary thyroid carcinoma who underwent robotic total thyroidectomy with central node dissection via the bilateral axillo-breast approach.
Surgery 148:1207-13, 2010

204. Kim SJ, Lee KE, Choe JH, Lee JH, Koo DH, Oh SK, Youn YK.
Endoscopic Completion Thyroidectomy by the Bilateral Axillo-Breast Approach.
Surg Laparosc Endosc Percutan Tech. 20(5):312-316, 2010

205. Kim HY, Park WY, Lee KE, Park WS, Chung YS, Cho SJ, Youn YK.
Comparative analysis of gene expression profiles of papillary thyroid microcarcinoma and papillary thyroid carcinoma.
J Cancer Res Ther. 6:452-7, 2010

206. Choi HD, Kim JH, Chang MJ, Youn YK, Shin WG.
Effects of Astaxanthin on Oxidative Stress in Overweight and Obese Adults.
Phytother Res. 25(12):1813-8.

207. Jee HG, Lee KE, Kim JB, Shin HK, Youn YK.
Sulforaphane Inhibits Oral Carcinoma Cell Migration and Invasion In Vitro.
Phytother Res. 25(11):1623-8.

208. Chung YS, Cho S, Ryou HJ, Jee HG, Choi JY, Yoon K, Choi HJ, Lee KE, Suh YJ, Oh SK, Youn YK.
Is There a Treatment Advantage When Paclitaxel and Lovastatin Are Combined to Dose Anaplastic Thyroid Carcinoma Cell Lines?
Thyroid. 21(7):735-44, 2011

209. Kang HJ, Youn YK, Hong MK, Kim LS.
Antiproliferation and redifferentiation in thyroid cancer cell lines by polyphenol phytochemicals.
J Korean Med Assoc. 26(7):893-9, 2011

210. Lee KE, Choi JY, Youn YK.
Bilateral axillo-breast approach robotic thyroidectomy.
Surg Laparosc Endosc Percutan Tech. 21(4):230-6, 2011

211. Kim TH, Park YJ, Lim JA, Ahn HY, Lee EK, Lee YJ, Kim KW, Hahn SK, Youn YK, Kim KH, Cho BY, Park do J.
The association of the BRAF(V600E) mutation with prognostic factors and poor clinical outcome in papillary thyroid cancer: a meta-analysis.
Cancer. 118(7):1764-73, 2011

212. Kim JH, Chang MJ, Choi HD, Youn YK, Kim JT, Oh JM, Shin WG.
Protective effects of Haematococcus astaxanthin on oxidative stress in healthy smokers.
J Med Food. 14(11):1469-75, 2011

213. Choi HD, Youn YK, Shin WG.
Positive effects of astaxanthin on lipid profiles and oxidative stress in overweight subjects.
Plant Foods Hum Nutr. 66(4):363-9, 2011

214. Kim SJ, Lee KE, Myong JP, Kwon MR, Youn YK.
Recovery of sensation in the anterior chest area after bilateral axillo-breast approach endoscopic/robotic thyroidectomy.
Surg Laparosc Endosc Percutan Tech. 21(5):366-71, 2011

215. Choi JY, Lee KE, Chung KW, Kim SW, Choe JH, Koo do H, Kim SJ, Lee J, Chung YS, Oh SK, Youn YK.
Endoscopic thyroidectomy via bilateral axillo-breast approach (BABA): review of 512 cases in a single institute.
Surg Endosc, 26(4):948-55, 2012

216. Lee KE, Koo do H, Im HJ, Park SK, Choi JY, Paeng JC, Chung JK, Oh SK, Youn YK.
Surgical completeness of bilateral axillo-breast approach robotic thyroidectomy: comparison with conventional open thyroidectomy after propensity score matching.
Surgery. 150(6):1266-74, 2011

217. Kim SJ, Lee KE, Myong JP, Park JH, Jeon YK, Min HS, Park SY, Jung KC, Koo do H, Youn YK.
BRAF V600E mutation is associated with tumor aggressiveness in papillary thyroid cancer.
World J Surg. 36(2):310-7, 2012

218. Im HJ, Koo do H, Paeng JC, Lee KE, Chung YS, Lim I, Lee DS, Chung JK, Youn YK.
Evaluation of surgical completeness in endoscopic thyroidectomy compared with open thyroidectomy with regard to remnant ablation.
Clin Nucl Med. 37(2):148-51, 2012

219. Park KS, Kim JB, Bae J, Park SY, Jee HG, Lee KE, Youn YK.
Berberine inhibited the growth of thyroid cancer cell lines 8505C and TPC1.
Yonsei Med J. 53(2):346-51, 2012

220. Yi JW, Oh EM, Lee KE, Choi JY, Koo do H, Kim KJ, Jung KC, Kim SY, Youn YK.
An exclusively dopamine secreting paraganglioma in the retroperitoneum: a first clinical case in Korea.
J Korean Surg Soc. 82(6):389-93, 2012

221. Choi JY, Youn YK.
Vision of Thyroid Surgery: Past, Present and Future.
J Korean Thyroid Assoc. 5(1):1-5, 2012

222. Youn YK.
Regionalization strategy of the emergency medical service system.
J Korean Med Assoc. 55(7):606-608, 2012

223. Lee KE, Chung IY, Kang E, Koo do H, Kim KH, Kim SW, Youn YK, Oh SK.
Ipsilateral and contralateral central lymph node metastasis in papillary thyroid cancer: patterns and predictive factors of nodal metastasis.
Head Neck. 35(5):672-6, 2013

224. Oh EM, Lee KE, Yoon K, Kim SY, Kim HC, Youn YK.
Value of adrenal venous sampling for lesion localization in primary aldosteronism.
World J Surg. 36(10):2522-7, 2012

225. Oh EM, Lee KE, Kwon H, Kim EY, Bae DS, Youn YK.
Analysis of patients with anaplastic thyroid cancer expected to have curative surgery.
J Korean Surg Soc. 83(3):123-9, 2012

226. Kim SI, Kim YB, Koh KM, Youn YK, Suh GJ, Cho ES, Leem DH, Baek JA, Shin HK, Ko SO.
Activation of NF-κ B pathway in oral buccal mucosa during small intestinal ischemia-reperfusion injury.
J Surg Res. 179(1):99-105, 2013

227. Paek SH, Lee YM, Min SY, Kim SW, Chung KW, Youn YK.
Risk factors of hypoparathyroidism following total thyroidectomy for thyroid cancer.
World J Surg. 37(1):94-101, 2013

228. Lee KE, Jee HG, Kim HY, Park WS, Park SH, Youn YK.
Development of a canine model for recurrent laryngeal injury by harmonic scalpel.
Lab Anim Res. 28(4):223-8, 2012

229. Kim SJ, Lee KE, Myong JP, Koo do H, Lee J, Youn YK.
Prospective study of sensation in anterior chest areas before and after a bilateral axillo-breast approach for endoscopic/robotic thyroid surgery.
World J Surg. 37(5):1147-53, 2013

230. Cho BY, Choi HS, Park YJ, Lim JA, Ahn HY, Lee EK, Kim KW, Yi KH, Chung JK, Youn YK, Cho NH, Park do J, Koh CS.
Changes in the clinicopathological characteristics and outcomes of thyroid cancer in Korea over the past four decades.
Thyroid. 23(7):797-804, 2013

231. Lee KE, Kim E, Koo do H, Choi JY, Kim KH, Youn YK.
Robotic thyroidectomy by bilateral axillo-breast approach: review of 1,026 cases and surgical completeness.
Surg Endosc. 27(8):2955-62, 2013

232. Kwon H, Koo do H, Choi JY, Kim E, Lee KE, Youn YK.
Bilateral axillo-breast approach robotic thyroidectomy for Graves' disease: an initial experience in a single institute.
World J Surg. 37(7):1576-81, 2013

233. Park KS, Lee KE, Ku do H, Kim SJ, Park WS, Kim HY, Kwon MR, Youn YK.
Antiadhesive effect and safety of oxidized regenerated cellulose after thyroidectomy: a prospective, randomized controlled study.
J Korean Surg Soc. 84(6):321-9, 2013

234. Choi JY, Hwang BH, Jung KC, Min HS, Koo do H, Youn YK, Lee KE.
Clinical significance of microscopic anaplastic focus in papillary thyroid carcinoma.
Surgery 154(1):106-10, 2013

235. Kwon J, Wu HG, Youn YK, Lee KE, Kim KH, Park do J.
Role of adjuvant postoperative external beam radiotherapy for well differentiated thyroid cancer.
Radiat Oncol J. 31(3):162-70, 2013

236. Choi JY, Lee KE, Koo do H, Kim KH, Kim Ey, Bae DS, Jung SE, Youn YK.
Use of spiral computed tomography volumetry for determining the operative approach in patients with Graves' disease.
World J Surg. 38(3):639-44, 2014

237. Bae DS, Woo JW, Paek SH, Kwon H, Chai YJ, Kim SJ, Choi JY, Lee KE, Youn YK.
Antiadhesive effect and safety of sodium hyaluronate-carboxymethyl cellulose membrane in thyroid surgery.
J Korean Surg Soc. 85(5):199-204, 2013

238. Chai YJ, Kim SJ, Choi JY, Koo do H, Lee KE, Youn YK.
Papillary thyroid carcinoma located in the isthmus or upper third is associated with Delphian lymph node metastasis.
World J Surg. 38(6):1306-11, 2014

239. Lang BH, Chai YJ, Cowling BJ, Min HS, Lee KE, Youn YK.
Is BRAFV600E mutation a marker for central nodal metastasis in small papillary thyroid carcinoma?
Endocr Relat Cancer. 27;21(2):285-95, 2014

240. Chai YJ, Kim SJ, Kim SC, Koo do H, Min HS, Lee KE, Kim JH, Youn YK.
BRAF mutation in follicular variant of papillary thyroid carcinoma is associated with
unfavourable clinicopathological characteristics and malignant features on ultrasonography.
Clin Endocrinol (Oxf). 81(3):432-9, 2014

241. Kim E, Choi JY, Koo DH, Lee KE, Youn YK.
Differences in the characteristics of papillary thyroid microcarcinoma ≤5 mm and ⟩5 mm in
diameter. Head Neck. Mar 4, 2014

242. Paek SH, Choi JY, Lee KE, Youn YK.
Bilateral axillo-breast approach (BABA) endoscopic Sistrunk operation in patients with
thyroglossal duct cyst: technical report of the novel endoscopic Sistrunk operation.
Surg Laparosc Endosc Percutan Tech. 24(3):e95-8, 2014

243. Suh YJ, Kim SJ, Lee KE, Youn YK.
Localization of Parathyroid Adenoma and Minimally Invasive Parathyroidectomy: A Review.
Korean J Endocr Surg. 14(3):138-143, 2014

244. Bae DS, Koo do H, Choi JY, Kim E, Lee KE, Youn YK.
Current status of robotic thyroid surgery in South Korea: a web-based survey.
World J Surg. 38(10):2632-9, 2014

245. Choi H, Lim JA, Ahn HY, Cho SW, Lee KE, Kim KW, Yi KH, Sung MW, Youn YK, Chung JK,
Park YJ, Park do J, Cho BY.
Secular trends in the prognostic factors for papillary thyroid cancer.
Eur J Endocrinol. 171(5):667-75, 2014

246. Kim SJ, Myong JP, Jee HG, Chai YJ, Choi JY, Min HS, Lee KE, Youn YK.
Combined effect of Hashimoto's thyroiditis and BRAF (V600E) mutation status on
aggressiveness in papillary thyroid cancer.
Head Neck. Sep 12, 2014

247. Chai YJ, Lee KE, Youn YK.
Can robotic thyroidectomy be performed safely in thyroid carcinoma patients?
Endocrinol Metab (Seoul). 29(3):226-32, 2014

248. Suh YJ, Choi JY, Chai YJ, Kwon H, Woo JW, Kim SJ, Kim KH, Lee KE, Lim YT, Youn YK.
Indocyanine green as a near-infrared fluorescent agent for identifying parathyroid glands during thyroid surgery in dogs.
Surg Endosc. Nov 27. 2014

249. Tae SY, Chi HK, Kim SJ, Lee KE, Youn YK.
Gene Methylation Associated with Differentiated Thyroid Cancer.
Clin Exp Thyroidol. 7(2):118-128, 2014

250. Yi JW, Lee KE, Kim YH, Youn YK.
Helicopter patient transportation service on the Ulleung Island, South Korea.
Air Med J. 33(6):314-9, 2014

251. Chai YJ, Kim YA, Jee HG, Yi JW, Jang BG, Lee KE, Park YJ, Youn YK.
Expression of the embryonic morphogen Nodal in differentiated thyroid carcinomas:
Immunohistochemistry assay in tissue microarray and The Cancer Genome Atlas data analysis.
Surgery. 156(6):1559-68, 2014

252. Wong KP, Woo JW, Youn YK, Chow FC, Lee KE, Lang BH.
The importance of sonographic landmarks by transcutaneous laryngeal ultrasonography in post-thyroidectomy vocal cord assessment.
Surgery. 156(6):1590-6, 2014

253. Suh YJ, Choi JY, Kim SJ, Chun IK, Yun TJ, Lee KE, Kim JH, Cheon GJ, Youn YK.
Comparison of 4D CT, Ultrasonography, and 99mTc Sestamibi SPECT/CT in Localizing Single-Gland Primary Hyperparathyroidism.
Otolaryngol Head Neck Surg. 2014 Dec 17

254. Lee D, Kim E, Chung I, Kim S, Ahn E, Park JM, Park S, Youn YK.
Characteristics of Hypoparathyroidism after Total Thyroidectomy with or without Hashimoto Thyroiditis.
Korean J Endocr Surg. 14(4):195-199, 2014

255. Lee KE, Park YJ, Cho B, Hwang Y, Choi JY, Kim SJ, Choi H, Choi HC, An AR, Park do J, Park SK, Youn YK.
Protocol of a Thyroid Cancer Longitudinal Study (T-CALOS): a prospective, clinical and epidemiological study in Korea.
BMJ Open. 5(1), Jan 5. 2015

안녕하세요

바바

선생님

초판 1쇄 인쇄 2017년 5월 15일
초판 1쇄 발행 2017년 5월 23일
—

지은이 윤여규
—

발행인 이웅현
발행처 (주)도서출판 도도
—

전무 최명희
편집 · 교정 김정주, 채영준
디자인 김진희
홍보 · 마케팅 이인택
제작 퍼시픽북스
—

출판등록 제 300-2012-212호
주소 서울 중구 충무로 29 아시아미디어타워 503호
전자우편 dodo7788@hanmail.net
내용 및 판매문의 02-739-7656~9
—

ISBN 979-11-85330-43-3 (03990)
정가 13,000 원

이 도서의 국립중앙도서관 출판예정도서목록(CIP)은 서지정보유통지원시스템 홈페이지
(http://seoji.nl.go.kr)와 국가자료공동목록시스템(http://www.nl.go.kr/kolisnet)에서
이용하실 수 있습니다. (CIP제어번호 : CIP2017011070)